博碩文化

實務常識 × 熱門議題 × 投資真相

預約"未來財富

88 則金融小常識
打造投資精準腦

李顯儀　著

💲 **了解金融常識**
　精選投資理財，最常用最關鍵的金融實務常識。

💲 **觀念吸收容易**
　將金融相關事物具體化，並與真實生活相連結。

💲 **明瞭金融實作**
　搭配實務圖表，使讀者能對金融現況一目瞭然。

💲 **正確判讀真相**
　專欄精闢解析，以金融數據實證釐清投資真相。

本書如有破損或裝訂錯誤，請寄回本公司更換

作　　者：李顯儀
責任編輯：黃俊傑

董 事 長：陳來勝
總 編 輯：陳錦輝

出　　版：博碩文化股份有限公司
地　　址：221 新北市汐止區新台五路一段 112 號 10 樓 A 棟
　　　　　電話 (02) 2696-2869　傳真 (02) 2696-2867

發　　行：博碩文化股份有限公司
郵撥帳號：17484299　戶名：博碩文化股份有限公司
博碩網站：http://www.drmaster.com.tw
讀者服務信箱：dr26962869@gmail.com
訂購服務專線：(02) 2696-2869 分機 238、519
（週一至週五 09:30 ～ 12:00；13:30 ～ 17:00）

版　　次：2021 年 12 月初版一刷

建議零售價：新台幣 380 元
I S B N：978-986-434-963-0
律師顧問：鳴權法律事務所 陳曉鳴律師

國家圖書館出版品預行編目資料

預約未來財富：88 則金融小常識打造投資精
　準眼光 / 李顯儀著 . -- 初版 . -- 新北市：博
　碩文化股份有限公司 , 2021.12

　面；　公分 . --

ISBN 978-986-434-963-0(平裝)

1.投資 2.理財 3.問題集

563.5022　　　　　　　　　　　110019854

Printed in Taiwan

博碩粉絲團

歡迎團體訂購，另有優惠，請洽服務專線
(02) 2696-2869 分機 238、519

序言

　　現代人要聚集財富，除了靠辛勤工作所得、繼承遺產與接受贈與之外，尚可藉由投資理財活動加以累積。因此學會如何投資理財，對於現代人而言是一項重要的事務。

　　個人所編撰的這本有關投資理財領域的書籍，共分成 8 個部分。書中的單元內容，以一般的金融實務常識、當今較熱門金融議題與投資人較容易誤解的金融觀念為主。希望透過本書循序漸進、深入淺出的解說，讓讀者更明瞭金融的實務運作，以及釐清一些投資真相，並提供讀者在進行投資理財時，所應具備的一些基本常識。

　　個人多年來，主要耕耘於學術著作與大專教科書的編撰。此著作乃首次踏足實務題材之圖書，雖是低吟淺唱之作品，但卻希望它能對國內投資理財知識的傳播，具有著實的貢獻，且寫稿的過程，也對個人尤具意義。

　　此書能順利完成。首先，感謝博碩文化的盛情邀約，才有此書的問世。其次，感謝本校國文老師林秀珍的細心潤稿，才能使文字內容更臻完善。再者，感謝編輯黃俊傑的精良編修與排版，才能使此書順利出版。最後，感謝同事們與家人在校務與家務的協助，才讓個人能較專心的投入寫作。

　　個人對本書之撰寫雖竭盡心力，傾全力以赴，奈因個人才疏學淺，謬誤疏忽之處在所難免，敬祈各界先進賢達不吝指正，以匡不逮。若有賜教之處，請 email 至：k0498@gcloud.csu.edu.tw。

李顯儀 謹識

2021 年 11 月

目錄

PART ❸ 股票常識篇 ⋯⋯⋯⋯⋯⋯⋯⋯ 044

PART 8 金融科技常識篇....................... 200

1
PART

金融經濟常識篇

Unit 01

一般人認為：國內上市（櫃）股票就是採集中（店頭）市場交易？其實不是這樣的？

　　關於這個議題，看似理所當然的常識，個人會把它拿出來討論，乃因太多人（包括許多的老師們）都認為原本就是如此，所以也就不太注意。可現在已經不是這樣了，因此就藉由此專欄來解釋一下它們的不同。

　　其實，國內早期「上市股票採集中市場交易，上櫃股票採店頭市場交易」是沒錯的；但現在並非如此，而應該是「上市與上櫃的股票都是採集中市場交易」。那為什麼我們習慣稱：上櫃的股票是店頭市場呢？那是有歷史演進的原因的。

　　國內於 1994 年成立「證券櫃檯買賣中心」（以下簡稱：櫃買中心）乃為我國第二個證券交易場所，一般我們稱它為「店頭市場」（Over The Counter；OTC），它的交易方式與「集中市場」是不一樣的。

　　所謂的「**集中市場**」是將所有的金融商品都集中於一個固定的場域，並由買賣雙方採「競價[1]」方式交易。「**店頭市場**」是指若要進行

1　「競價」指買賣雙方會在一段時間內，對商品價格進行相互比價。成交價格以
　　誰出的價格愈好者愈先成交，買價以出價愈高者愈先成交，賣價則以出價愈低
　　者愈先成交。

金融商品的買賣，可以不用集中於一個場域，而可在不同的地點，由買賣雙方採「議價²」方式進行交易。

若對上述「集中市場」與「店頭市場」的定義，仍不甚瞭解，以下我們舉一個生活中，比較像是集中市場與店頭市場的案例說明一下，輔助大家瞭解：

> 每天清晨，大家還在酣夢中，國內有幾處「蔬果農產品中心」，已熙熙攘攘的聚集許多農夫（賣家）與菜販（買家），彼此昂頭比手，吆買喝賣聲中的在進行「集中市場」的交易了。在這個大型批發的市集裡，每種蔬果都會被各自裝在蔬果中心所規定大小一致的箱子內（標準化），以方便買賣雙方在很短的期間內，集合在一起公開相互競相比價（競價），以決定每箱（每簍）的蔬果價格。

當買賣雙方結束清晨批發市集的交易後，菜販們會匆匆回到傳統菜市場，與一般的老百姓進行相互討價還價（議價）的「店頭交易」，將蔬果賣給我們。所以我們市井小民要買個紅蘿蔔，可去好幾個攤位詢價，可能每攤位的價格不一樣，而且買多買少還可以殺價，不能殺價就要求送幾根蔥也好。

上述的「蔬果農產品中心」有點類似我們的蔬果交易所，集合很多買賣家在一起進行「集中市場」的「競價」交易，所以同一時間點下，買賣的價格會相同。菜販們回到菜市場再與民眾進行「店

---

2 「議價」指買賣雙方會在一段時間內，對商品價格進行相互商議，成交價格可能因買賣的單位不一樣而有所改變，可能以買或賣的單位數愈多者，其所出的價格優先成交。

頭市場」的「議價」交易，所以民眾可同時與多家菜販進行買賣，但不同的菜販會根據它的蔬果品質、或跟你的熟識度，給各位不同的報價。

話說回來，就是因為早期我國在「櫃買中心」掛牌的上櫃股票，是真正採用「店頭交易」方式。所以買賣雙方若要交易「上櫃股票」，仍必須先到「櫃買中心」所認可的證券商去詢問，證券商會媒合買賣雙方，價格就由證券商居間下的買賣方議價決定。當然，若同一時段，買賣雙方可多找幾家證券商詢問，因為每家證券商底下的買賣方會所有不同，所以買賣價就不同，但通常不會差距太大。

因早期國內「上櫃股票」採取這種「店頭交易」，買賣雙方必須到很多證券商的櫃檯（Counter）去詢問比價，確實比較麻煩，也會造成股票流動性不足的問題。因此，櫃買中心也就仿照「台灣證券交易所」，讓所有的股票買賣雙方集中於交易所內，利用電腦（Computer）進行競價撮合。所以櫃買中心（OTC）的上櫃股票交易，就由原本的「Over The Counter」就變成「Over The Computer」。也就是跟上市股票一樣採集中市場交易。

但現行的「櫃買中心」，除了「上櫃股票」是採集中市場交易外，還有一種「興櫃股票」仍採取店頭市場交易方式。雖然現在無論是集中與店頭交易都是利用電腦來進行撮合，但本質上，這兩者交易型式是不同的。

現在國內要買賣「興櫃」的股票，投資人仍至證券商下單後，被委託的證券商將透過櫃買中心所設置的「興櫃股票議價系統」，幫你的委託單分配給交易該「興櫃」股票的「推薦證券商」進行議價撮合。而非像「上櫃」的股票那樣集中至櫃買中心採競價交易。

　　所以投資人若要買賣興櫃股票，必須多注意幾家「推薦證券商」的報價，每一家可能不太一樣，但不會差太遠。但重點是它採議價交易，所以有時你出的價格比成交價好，也不一定會全部成交。若要詳細說明興櫃股票的議價交易方式，並不是三言兩語可說清楚。以下我們用一個簡單的日常生活買賣來類比：

> 　　就像我們生活中，假設有一水果行有 17 箱（每箱 10 顆）的水蜜桃，你願意用每顆 100 元向水果行買一箱（10 顆），但水果行反而只以每顆 88 元，賣給那個願意一次向他買 168 顆（非整數箱）的客戶，最後只留 2 顆，每顆 100 元賣你。所以你出比較高的價格，也不一定會全部成交。所以店頭交易是很適合大額交易且非標準化的商品，就像金融商品中的債券交易。

　　現在來總結一下，國內現行的「上市」與「上櫃」股票都是採「集中市場」交易，唯有「興櫃」股票是採「店頭市場」交易。嚴格說，所有金融商品的交易，在國內僅有上市與上櫃股票、以及期貨與部分的選擇權是採取集中市場交易。其餘大都是採店頭市場交易。例如：我們同樣有一筆錢要去銀行承作定存，每一家銀行的利率報價可能都不一樣，而且銀行也會根據金錢多寡與跟它們的往來信賴情形不同，給予不同的利率。

　　至於我們日常生活實體商品交易，幾乎沒有採集中市場交易，所有的買賣方式都採店頭市場交易。就像上述買賣水蜜桃例子，還有：我們到不同的通訊行買 Apple 手機，也一定可以討價還價的。若到傳統菜市場買蔬果，那就更不用說了。

　　講到這裡，如果各位讀者對集中與店頭交易還是很模糊，也沒關係。你現在去證券商下單不管買上市、上櫃與興櫃的股票，它為了賺你的錢，都會幫你服務。只要下單後能迅速成交、不要有錯帳，即使不知道是用什麼交易系統也無妨，最重要的事就是能獲利就好。反正很多事都是「知難行易」啊，不是嗎？

Unit 02　為何許多金融商品的設計都強調「標準化」？

　　上一個專欄，在說明集中市場與店頭市場這兩種交易方式的差異時，其實有一個很重要的觀念，是在於要在集中市場買賣商品必須是「標準化」的。由於集中市場採競價方式交易，所以交易商品必須被標準規格化，才有利於交易流通。但在店頭市場交易的商品，不強調高流動性，則比較著重可以為交易雙方需求「量身訂作」的商品規格。

　　在我們日常生活中，即使相同的東西，那到底要強調「標準化」比較好？還是要「量身訂作」比較合適？那就端視使用者的需求而定，以下我們舉一例說明：

當今全世界拿奧運金牌最多（23 面）的選手，乃美國飛魚－費爾普斯（Fred Phelps），他的泳技過人，除了靠天份與努力外，他還擁有可以游很快的特殊的身材（手特別長，腳比較短）。所以像他這種人的襯衫必須「量身訂作」，不然市面上找不到合乎他身材的襯衫。倘若他去訂做了襯衫後，沒有去拿，那裁縫師會找不到跟他身材一模一樣的人轉賣出去，此件衣服根本就沒有流通性。因此我們市面上的衣服為了流通方便，都會採「標準化」規格，如：S、M、L、XL 等，雖然買的人穿起來不一定很合身，但至少被退貨的規格，廠商還可賣給其他人，衣服的流通性就大為提高。

那金融商品的設計，只要是標榜「集中市場」交易的商品，都會採「標準化」的設計，這些商品以股票、權證、期貨與選擇權為主。但若是在「店頭市場」交易的商品，就會比較強調「量身訂作」，這些商品非常多樣，主要以定存、保險、債券、票券、遠期、金融交換等商品為主。

　　現今在這個光速的時代裡，強調「標準化」有著它的必要性，但「量身訂作」的事物，其實才是任何事物最原始的本源與創新的來源，並能兼顧演化的多元，那才是最重要的吧！各位覺得呢？

為何國內「直接金融」逐年下滑？
怎麼會如此？

2020 年金管會啟動資本市場三年大計與五大策略中，有一個很大目標就是拉升國內的「直接金融」佔比。同時全國工業總會，也呼籲政府應拉高「直接金融」比重，更建議應將比重提高至 50% 以上，才能與世界接軌。

那「直接金融」到底是指什麼？相反的，「間接金融」又是什麼？它有何重要性？為什麼政府與企業都如此重視？以下我們先解釋一下這兩者的差異，並利用圖 1 讓讀者能進一步理解。

「**直接金融**」是指企業為了籌措資金，直接在貨幣、資本市場發行有價證券（如：票券、股票與債券），向不特定的個體直接取得資金，而不須經過銀行的仲介管道。此融資管道，資金供需雙方會清楚的知道彼此；且若資金需求者違約時，資金供給者會直接受到影響。

例如：甲公司缺資金時，發行股票，A 君去認購新股，此時甲公司就會知道這筆資金是 A 君提供的，A 君也清楚他提供資金給甲公司，是甲公司的股東。若有一天甲公司發生倒閉，那 A 君所買的股票就會變壁紙，公司違約直接衝擊到 A 君。

「**間接金融**」是指企業為了籌措資金，經由銀行作為資金籌措的仲介機構。通常銀行先吸收投資大眾的存款，再扮演資金供給者將資

金貸款給需求者的管道。此融資管道,資金供需雙方並不清楚彼此;且若資金需求者違約時,資金供給者並不會直接受到影響。

　　例如:B君將一筆錢存入銀行,銀行將許多人的存款集結後,再放款給乙公司,乙公司只知道資金是銀行借它的,它並不清楚資金是哪些人存款進來的;當然,B君也不清楚他的錢是借給哪家公司。若有一天乙公司發生倒閉時,那乙公司可能就無法還款給銀行,但B君存在銀行的錢,還是可以領回來,並沒有直接受到公司違約的影響。

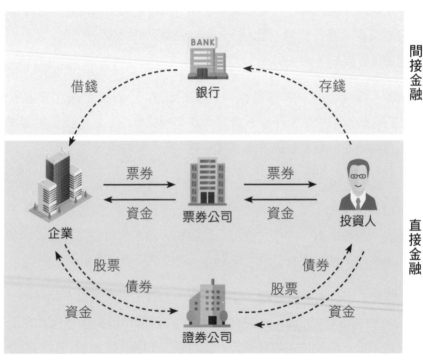

圖1　直接金融與間接金融示意圖

　　那國內「直接金融」比例的變化如何？以下利用國內 1991 年至 2020 年，這 30 年來「直接金融」與「間接金融」彼此消長的情形說明之（見圖 2）：

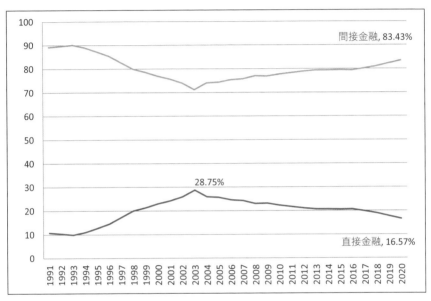

圖 2　直接金融與間接金融彼此消長圖

國內「直接金融」比重，在 90 年代初期約占 10%，隨著金融市場的開放，資本與貨幣市場逐漸蓬勃發展，企業利用股票、債券與票券籌資比例逐年增加，成長至 2003 年約占近 28.75% 的比例。但近年來，國內利率自 2000 年以後，持續下滑且處於低檔，使得企業發行債券與直接向銀行借款的成本所差無幾；以及許多中小型股在股市得不到投資人的青睞，導致股價不能真實反映真正價格。所以企業紛紛放棄利用債券與股票的籌資管道，因此導致「直接金融」逐漸萎縮，至 2020 年約占 16.57%。

　　這比例與美國占比超過 70%，英國、澳洲、新加坡、南韓與香港都超過 60%，日本則接近 50% 等相比較，顯然國內有很大的提升空間。所以金管會於 2020 年啟動「資本市場藍圖」中，也提出幾個策略，希望能夠拉升國內的「直接金融」比重。

　　其實，國內是一個以中小企業為主的經濟體，根據經濟部所公布的《2020 年中小企業白皮書》資料顯示，2019 年台灣中小企業家數為 149 萬 1,420 家，占全體企業 97.65%，可見國人很愛自己當老闆。

　　通常中小企業要使用直接金融的融資方式，大概只有發行「票券」中的商業本票比較有可能。若要利用股票或債券，如果沒有一定的知名度或必須成為上市櫃與興櫃公司，大概很難啊！況且，國內的銀行體系這麼普及，所以中小企業還是向銀行借錢是最方便的吧！

　　至於有人希望國內的直接金融能拉升至 50% 以上與國際接軌，通常會有如此想法的，大概都對自己的國度不夠瞭解，總以為國外什麼都對，有那種「外國的月亮比較圓」的盲從心態，若只會「東施效顰」去學一些不適合本土的東西，最後還是無濟於事吧！

「歐洲通貨市場」一定在歐洲嗎？
台灣也有嗎？那「歐洲美元」是貨幣嗎？

對於稍涉略金融領域的人，一定會接觸到「歐洲通貨市場」這個名詞，一般人可能會被表面的字義誤導它真正的涵義，其實它是一種國際金融市場的型式，而且台灣也有這個市場。還有也會聽到「歐洲美元」這個名詞，可能也常常誤以為那是一種貨幣，其實不然。

「**歐洲通貨市場**」（Euro Currency Market）是一種「境外國際金融市場」的概念，此概念起源於歐洲市場，所以才以「歐洲」一詞稱之，其實際上是「境外」或「離岸」的意思。其意義乃在某國金融市場所從事的金融交易活動時，並不受該國金融當局相關法令（如：稅法、交易幣別、交易人）的管轄與限制。

例如：日本的企業至「新加坡」發行「美元」債券籌集資金，債券除可出售給當地的境內投資人外，亦可出售給非居住於當地的境外投資人，且買賣債券也不一定要符合當地的交易制度或稅法的相關規定。所以「新加坡」的金融市場，也是「歐洲通貨市場」。

那台灣呢？近年來，國內積極推展的「國際板債券」就是「歐洲通貨市場」。「國際板債券」是開放境外企業，可至國內發行美元、歐元、英鎊、日圓、人民幣……等多種幣別債券，且這些債券境內外

投資人都可購買。在國際板債券中，以人民幣計價的債券稱為「寶島債」最為著名。另外，還有一種由回教國家至台灣發行「伊斯蘭固定收益證券」（Sukuk），也極具特色。

至於「**歐洲美元**」這個名詞剛接觸時，會以為是貨幣的一種。其實它是在「歐洲通貨市場」的運行，最早起源於「歐洲美元存款」（Eurodollar Deposit），所以它是一種「存款利率」的意思，而非「貨幣」。

由於 1950 年代末期起，因美歐貿易頻繁，使得大量的美元在歐洲地區流通。投資人將這些美元存放於歐洲各國的本地銀行，隨後又將這些美元貸放出去，使得歐洲地區的美元資金產生流動，而形成了「歐洲美元」的存放款市場。爾後，1960 年代末期，隨著日本經濟的蓬勃發展，亦有大量的日圓經過國際貿易在歐洲地區流通，所以也逐漸發展出「歐洲日圓」的存放款市場。

因此「歐洲美元」與「歐洲日圓」是一種三個月期的「存款利率」，因短期利率會隨著市場資金鬆緊而變動，所以也因此在期貨市場就會有「歐洲美元」與「歐洲日圓」，這種以三個月銀行定存單利率為標的物的期貨商品出現。

「歐洲通貨市場」與「歐洲美元」這兩個名詞，我們常有「望文生義」的錯覺。希望讀者不要再被表面上的字義所誤導了。

有人說在台灣生活壓力大，那台灣的「痛苦指數」高嗎？

　　常常看到新聞報導說：台灣人生活壓力大。在地狹人稠的台灣生活，確實不是很輕鬆。那經濟學中，有一種在衡量人民生活過得是否辛苦的「痛苦指數」，那台灣與全球相比又如何呢？

　　「**痛苦指數**」（Misery Index）是指一國人民遭受「失業率」與「通貨膨脹率」之困擾的總和。從表 1 觀察得知：在 2021 年第二季左右，台灣痛苦指數為 5.74% 與全球主要國家相比，我國並不高。

　　即使長久以來，根據 Stock-ai 資料的統計，我國「痛苦指數」20 年平均也約在 5.2% 上下，在全球經濟體痛苦指數的排名，大概都是倒數幾名的，那表示我們都過得很幸福嗎？

　　其實，台灣的失業率並不高，那也可能表示國人較勤奮，大家努力爭取一份「五斗米」的工作，但也有可能是國內長久以來，就是處於較低的「五斗米」，所以人民只能選擇繼續「折腰」，不然就無以餬口。另一個原因就是令人憂心忡忡的「少子化」問題，因勞動人口變少，雖然讓勞動者相對容易找到工作，失業率下降，但又引發國內另一個重要問題就是「缺工」日趨嚴重。

　　國內的低通貨膨脹率，這也表示國內中央銀行控制得宜，沒有讓過多的貨幣去追逐較少的商品。但實際上可能是因為人們對未來的

經濟狀況感到憂心，所以增加儲蓄（台灣有全世界最高的超額儲蓄率），傾向減少消費，導致人民對物質需求下降，物價就會偏低。另一個原因又是「少子化」的問題，因消費人口數減少，同樣帶來對物質需求減緩，物價就下降。

表 1　全球 2021 年第二季全球主要國家的痛苦指數

國家或地區	痛苦指數	國家或地區	痛苦指數
台灣	5.74%	美國	10.73%
日本	2.31%	巴西	21.46%
韓國	6.30%	阿根廷	46.68%
中國	6.75%	歐盟	9.30%
香港	7.40%	德國	6.48%
澳大利亞	7.51%	英國	5.71%
紐西蘭	6.22%	法國	8.54%

資料來源：Stock-ai

以上分析讓我們知道我國痛苦指數不高的原因，最可能的癥結處就是來自「少子化」，為何我們少子化會這麼嚴重啊？

台灣蕞爾之島，若扣掉三分之二不適合居住的山地面積，其人口密度應該是世界最高。由於地狹人稠，導致土地價格相對高昂，又加上國內的薪水增幅根本趕不上房價漲幅，導致我們有著全世界「最高的房價所得比」。也因勞動者長期薪資偏低，為了多賺點錢，讓我們也幾乎有著全球數一數二的「高工作時數」。這些問題當然就會導致年輕人不婚、不生，最後就讓我國「人口出生率繼續蟬聯全球最低」。

講到這裡，或許我們現在沒有痛苦指數「表面上所帶來的近憂，但確有著它帶來的遠慮」。而這個遠慮是地狹人稠的宿命中，在社會經濟發展至某個階段一定會遇到的問題。現今各界也都很努力的想讓這個問題得到緩解，讓我們至少能過著「也無風雨也無晴」的生活，就很心滿意足了。

Unit 06　「黑天鵝」與「灰犀牛」會影響金融市場？你聽過嗎？

這幾年來，市場上發生了一些波動，就會常常在各種財經報導上出現「黑天鵝」、「灰犀牛」等名詞，它們都是什麼意思？

「黑天鵝」（Black Swan）是甚麼呢？以往在歐洲因當地所見天鵝都是白色的，所以認為全世界只有「白天鵝」，因而用過往所聞的經驗得出只有「白天鵝」論點。直到 1697 年，歐洲探險隊在澳洲發現「黑天鵝」，才推翻了長久以來的結論；也就是只要一隻「黑天鵝」的出現，就可推翻所有天鵝都是白色的事實。

歷史上，1987 年 10 月 19 日黑色星期一，美國股市可能是程式交易出問題，莫名的造成單日大跌 22%，大概就是最典型的「黑天鵝」事件。其餘，如：1999 年台灣的 921 大地震、2001 年所發生的美國 911 恐怖攻擊事件、以及 2011 年日本東北大地震等，這些突來的天災人禍事件，也都對當地或全球股市帶來意想不到的災難。

「灰犀牛」（Gray Rhino）又是甚麼呢？我們都知道大部分的犀牛都是灰色的，犀牛平時看起來十分溫馴，一旦發起脾氣來，橫衝直撞，連獅子、老虎也要退避三舍。因為灰犀牛雖看似平常，所以有時讓人忘記牠也是具危險性。

歷史上，2008 年全球金融海嘯危機事件，原本會算是灰犀牛事件，但突然轉為黑天鵝事件。其實這件事早在 2007 年 2 月就爆發危機了，只是大家認為這個事件應該很快就會平息，也就輕忽了它的後續傷害性，此事終於 2008 年 9 月雷曼兄弟發生倒閉，才讓整個事件急速惡化，並劇烈的衝擊全球金融市場。

　　再來，2020 年 1 月中國武漢所引發的 COVID-19 病毒傳染事件，起初大家也都預期疫情只會在亞洲地區局部蔓延，哪知道它逐漸蔓延至歐美國家後，全球股市在那年 3~4 月也發生很嚴重崩跌。至今，這個疫情不知還要延燒多久，還要對全球的經濟與金融市場造成多大的傷害，不得而知，它真是一隻恐怖的灰犀牛！

　　我們生活中，若發生「黑天鵝」事件，應該短期內會有很大的衝擊，但有時來得快也去得快。最恐怖的還是「灰犀牛」事件，或許你感覺它並不具有那麼直接的威脅性，但「溫水煮青蛙」，待你發現事態嚴重時，爆開之後，對我們的傷害可能是最深遠的。所以我們生活中最容易忽略「看似尋常」的事，但它可能會對以後造成「最奇崛」的影響。

2 PART

貨幣匯率常識篇

Unit 07

中央銀行要印多少錢是根據什麼決定的？
那台灣的中央銀行有亂印新台幣嗎？
那印太多，會發生什麼事？

　　各位「往日崎嶇還記否？」2008 年美國投資銀行雷曼兄弟（Lehman Brothers）發生倒閉，所引爆的金融海嘯危機，造成全球金融市場的大動盪。這個危機，光美國於 2008 年~2015 年，在 7 年之間就多印 4.2 兆美元，去拯救市場；其餘，如：歐盟與日本等國，也不遑多讓加入印鈔行列。那我們台灣的中央銀行有跟著一起「共襄盛舉」嗎？

　　要回答這個問題前，我們先來說明我國中央銀行要發行多少貨幣（也就是要印多少鈔票）有根據什麼基礎嗎？

　　其實，我國的中央銀行要發行多少貨幣，是根據中央銀行所持有的「**黃金準備**」與「**外匯準備**」的加總額。

我們從表 2 中央銀行所公布的新台幣發行數額及準備狀況得知：2021 年第 1 季底新台幣紙鈔（券幣）發行額約 2 兆 6,253 億元，約等於所有的黃金準備額 6,260 億元，以及外匯準備額 1 兆 9,993 億元的總額〔6,260+19,993=26,253（億元）〕；由於硬幣免提發行準備，所以足見新台幣的發行是採「十足準備」發行制。

也就是說，我們現在手中所拿到的 1,000 元紙鈔，可以向中央銀行換取等值的「黃金」或「外國貨幣」。因此，基本上，我國中央銀行是沒有亂印鈔票的。

表 2　中央銀行公告新台幣發行數額及準備狀況

| 日期 | 貨幣發行額 =(1)+(2) | | (3) 黃金準備（新台幣） | (4) 外匯準備（新台幣） |
	(1) 新台幣券幣發行額 =(3)+(4)	(2) 新台幣硬幣發行額		
2021-Q1	2,625,366,153,200	121,969,565,748	626,022,159,292	1,999,343,993,908

資料來源：中央銀行

那如果印太多錢會發生什麼事？這個問題，我想不用說大家也都知道，就是**太多的錢去追逐有限的商品，那商品價格就會飆漲，也就是「通貨膨脹」**。那台灣曾經發生過嚴重的通貨膨脹嗎？

遙想 1945 年國民政府剛來台時，因為為了要應付「國共內戰」所需的民生物資，於是在台灣印了比原先還要多約 580 倍的台幣出來，再拿這些錢向台灣社會購買當時的米、糖等物資商品。當然，就造成台灣當時的「物價之高，高於上青天」，發生了惡性通貨膨脹，當時的台幣一文不值。爾後，才有常聽到的「4 萬元舊台幣換 1 元新台幣」的幣制改革憾事。

順便一提，在人類的歷史長河裡，歷來就有憑空亂印鈔票，而發生嚴重通貨膨脹的往例。早在中國宋朝，就曾為了彌補財政收入不足，而有濫發紙幣的惡例。近期，全球最經典的例子，應屬非洲國家「辛巴威」，曾創下 1 美元可以兌換 300 兆辛幣，這也只能買當地 1.5 條的土司的奇蹟；而且該國有著全世界最大面額 100 兆的紙鈔，這也算是另一項世界紀錄吧！

說到這裡，全球大部分的中央銀行，長久以來所實行的貨幣政策中，重要的都不是經濟成長、充分就業、金融穩定等這種目標，而是「物價穩定」。因為唯有「物價穩定」，才是社會經濟發展最重要的基石。

若大家都去銀行將自己的錢領出來,那銀行
有那麼多現金,可供大家提領嗎?

　　上一個議題讓我們知道,我國的中央銀行要印多少鈔票,是根據它所持有的「黃金準備」與「外匯準備」的加總額。所以在 2021 年第 1 季底,共發行了 2 兆 6,253 億元的「鈔幣」,若再加上免提發行準備就可發行的「硬幣」約為 1,219 億元,這兩者的加總約為 2 兆 7,472 億元（26,253+1,219=27,472）,就是我們所稱的「**通貨發行額**」。

　　這麼多的「通貨發行額」,也就是說當時國內共有 2 兆 7,472 億元的「現金（實體貨幣）」在市場流動。這些「現金」只有兩個地方可以去,你想你們的錢是不是一部分放在你的口袋,另一部分就只能放在你的銀行帳戶內。

　　因此在 2021 年第 1 季底,當時台灣所有人放在自己口袋的現金,加總為 2 兆 4,741 億元,稱為「通貨淨額」;另一部分放在金融機構的現金,才只有約 2,731 億元（27,472-24,741=2,731）。那你會不會覺得狐疑,哪有可能全台灣所有銀行存款裡的資金才只有 2,731 億元的「現金（實體貨幣）」?

　　沒錯,就是這麼多!那一定有人不相信,去查了台積電 2021 年 Q1 的財務報表裡的現金部位就有 6,647 億元,我猜台積電應該頂多放個幾億元現金在公司內部,剩下 6,640 幾億元應該還是在它的銀行帳

戶內；但那些錢不是我們所稱的「現金（實體貨幣）」，而是大部分由銀行的存放款系統所創造出來的「**存款貨幣**」（Deposit Money）。

這些「存款貨幣」只存在銀行的存款帳戶內，並沒有真實的「實體現金」存在。它是由銀行的存放款系統，將一筆資金不斷的存入、借出所創造出來的貨幣，而這個創造貨幣過程就是下一個專欄要介紹的「貨幣乘數」效果。

所以 2021 年第一季，雖然全台灣所有銀行存款裡的資金，才只有 2,731 億元的「現金（實體貨幣）」，但卻有超過 50 兆的「存款貨幣」放在銀行裡。所以如果大家真的都去銀行，將自己的錢領出來，那銀行真的沒有那麼多現金，可供大家提領啊！

講到這裡，你可能對錢的生態還不是那麼的清楚，但先知道它和「斯斯」一樣，都可分成兩種，**一種是「實體貨幣」可被人們真實持有使用；另一種是「存款貨幣」只保留在銀行帳戶間移動。**但這兩種錢，要花掉好像很容易，但要把它賺進來卻很辛苦，是不是人跟錢的關係，有一種「別時容易見時難」的感覺啊？

「貨幣乘數」效果是如何的施展魔法，讓它可以「錢生錢」的呢？

　　上一個專欄我們知道：2021 年第 1 季底，中央銀行只發行了 2 兆 7,472 億元的「現金（實體貨幣）」，但卻被人們透過銀行的「存放款系統」的乘數效果，竟然跑出超過 50 兆的「存款貨幣」出來。那個將「錢生錢」的貨幣乘數效果是如何運作的，以下將娓娓道來：

　　如果現在中央銀行發行 1,000 元的貨幣後，流入銀行系統，銀行將這筆錢借給了 A，A 將這筆錢向 B 買東西，B 得到這筆錢之後，把它存入銀行，這樣銀行就有正式的 1,000 元存款是由 B 存入的。

　　再來，銀行再將這筆錢借給了 C，C 將這筆錢向 D 買東西，D 得到這筆錢之後，又把它存入銀行，這樣銀行又有正式的 1,000 元存款是由 D 存入的。那此時銀行內就有之前 B 存入的 1,000 元再加上 D 存入的 1,000 元，就有 2,000 元的「存款貨幣」了。

　　以下以此類推，銀行再將那筆錢借給 E，經由買賣轉到 F 手中，F 再存進銀行，這樣銀行又多 1,000 元變成有 3,000 元「存款貨幣」。就這樣一直不斷透過銀行循環的借貸系統，銀行的錢就像「聚寶盆」可以無止境的愈變愈多啊！

　　但我們正常的借貸情形，並不會讓錢無止境的成長，因為我們向銀行借出的錢，經過流通以後，會保留一部現金在身邊（現金保留率），再存入的錢會比當初借出的少一些。

再來，銀行也會將人們存入的資金，保留一部分給央行檢查使用「法定準備率」，以防止銀行產生擠兌風險；也可能再多保留一些資金，以供其他內部投資或其它支用「超額準備率」，所以銀行再拿出去放款的資金會比原先存進來的又少一些。

例如：原本已流通在銀行外的 1,000 元，民眾的「現金保留率」是 5%，則民眾下次去存款僅會存入 950 元〔1,000×(1–5%)〕。銀行拿到 950 元存款，被央行規定必須保留 5% 的「法定準備率」，若自己又再多保留 2% 的「超額準備率」，則銀行只剩 883.5 元 {950×[1–(5%+2%)]}，可供下次放款使用。

因此銀行每次的借貸資金，會受上述「現金保留率」、「法定準備率」、「超額準備率」這三者的影響，讓借貸資金一次比一次減少，慢慢的收斂至零。那我們之前所提到的中央銀行發行 2 兆 7,472 億元，最後跑出約 50 兆的資金出來，這樣可以算出我國的貨幣乘數大概是 18.2 倍（50/2.7472）。

所以**一個經濟體的貨幣乘數高低，當然就是受到民眾「現金保留率」、銀行「超額準備率」與中央銀行規定的「法定準備率」影響。**尤其，「法定準備率」是中央銀行拿來控制銀行創造貨幣的工具；也是中央銀行在執行貨幣政策中，重要的操作工具。

講到這裡，你會不會覺得銀行的「存放款系統」可以將「錢自動的生出錢」，很神奇吧！它確實是一個魔法，可讓錢「無中生有」被創造出來。所以只要發生金融危機或經濟衰退時，美國就常利用 QE 去撒錢，再利用乘數效果讓「錢生出更多錢出來」支用，因為這可能是一個最直接快速可以讓經濟復甦的方法，此待下一個單元再來說明。

每當經濟衰退，中央銀行就降息或實施 QE，降哪一種利率最有效？那 QE 又是什麼？

2020 年 1 月中國武漢發生 COVID-19 的病毒傳染，並快速的蔓延至全球，導致美國股市於當年的 3~4 月發生大崩跌。當時美國的聯邦理事會（FED，該國的中央銀行），迅速的將該國的利率幾乎調降至零，且實施無限量版的 QE 政策，希望能重振股市與經濟的頹勢。

由於美國是全球最大的經濟體，它的每一項動作都會牽動著世界各國的貨幣政策，當然，台灣也不能置身其外。由於國內並不適合實行所謂的 QE，所以當時央行只能順勢的將已經低至喘不過氣的利率，再調降一碼（0.25%），使得利率市場呈現缺氧，低至快窒息的階段。

首先，我們先來討論，這次我國央行最近所調降的是什麼利率？它調的是「重貼現率」、「擔保放款融通利率」及「短期融通利率」。這三種利率都跟我們市井小民沒有直接關係，因為那是銀行，若想拿票據或其它擔保品抵押，要跟央行借錢的相關利率。雖然沒有直接關係，但資金流動是「食物鏈」的關係。當央行對銀行調降那三種利率，那銀行就會調降跟我們相關的各種的存款與放款利率。

通常央行調降那三種利率，對振興經濟是有幫助的，但效果並不會太大，常常只是流於宣示性效果，對實質幫助卻有限。因為這些利

率，都是要銀行被動的來向央行提出借錢的需求，才會發揮作用。若民眾對銀行無借錢的需求，銀行也不會對央行有融通資金的需求。

所以鄰國日本，早在快 30 年前，就將該國利率降至幾乎到零了，希望挽救頹靡不振的日本經濟，但至今它們的經濟憂愁，還不是一樣「恰似一江春水向東流」的滾滾而來，並沒有太大的振興效果。

其實，央行也知道調降那些利率效果真的有限。但央行有一種利率政策是較有用的，可惜不能常用，也可能已經不能再使用了。那種利率就是上一個單元所說「**存款準備率**」，這才是對提振經濟最有效的利率。

因為**只要央行調降「存款準備率」**，那代表銀行可以保留較少的**資金，將多餘的拿出去放款**，那上一單元所介紹的「乘數效果」加持下，**可讓市場的錢變得更多**，無形中等於央行直接灑錢出去，這樣對活絡經濟比較有直接效果。

既然央行調降「存款準備率」這麼有用，為什麼不用？以我國而言，早在 1990 年代中期開始，只要台灣經濟走得有點不太順暢，就會調降一點；所以直至 2008 年以後，國內的「存款準備率」就已到歷史新低，沒有再調降過了。

那全世界較大的經濟體，如：美國、歐盟、英國、日本等，它們不是沒有存款準備率的限制，不然早也降到不能再低的情形了。現今全球較大經濟體中，大概只有中國那個金融不自由的國度，還有聽說在調降存款準備率的事吧！

因此世界各大國已經沒有調降「存款準備率」這種特效藥可用了。那它就只好使用更直接的方式，也就是「直接印鈔票」來救市

了，也就俗稱的 QE[3]。

> QE 就是「**量化寬鬆貨幣政策**」（Quantitative Easing；QE）是指當市場利率已經處於很低的情況下，央行仍透過購買資產方式，將資金繼續挹注到金融體系內，讓市場利率繼續維持在極低的水準（幾乎為零）；希望藉此刺激投資消費，讓景氣儘快復甦。

上述 QE 的定義中，有一段話為「央行仍透過購買資產方式，將資金繼續挹注到金融體系內」。也就是說央行「直接印鈔票」，再去金融市場購買政府與企業等債券資產，這樣就可讓市場的資金增加，並透過貨幣「乘數效果」，讓大家有更多錢可以用，讓經濟更為活絡。

這種 QE 方法的始作俑者乃肇端於 2001 年的日本。爾後，2008年發生全球金融海嘯危機之後，美國開始推出三階段的 QE，且歐盟、英國與日本也相繼推出自己的 QE，所以在 2008~2015 年，共 7年間，根據這 CNN Money 估計這四大經濟體共釋出將近 9 兆美元的資金，讓全世界錢滿為患，市場利率不止降至零，甚至為負。

更而到了 2020 年全球受 COVID-19 疫情的衝擊，導致整個金融市場再度陷入資產流動性不足的現象。因此美國 FED 再度重啟 QE，甚至是無限量版的印鈔；其餘，歐盟、英國與日本也同步實施程度不一的 QE 政策，都希望能讓金融市場儘速的穩定下來，也能讓經濟得以儘快復甦。

---

3 嚴格來說：「印鈔票出來灑錢」幾乎等於是 QE 政策的轉喻，但它並不能完全詮釋 QE 政策的所有內涵。

這裡，我們先不論 QE 對全球經濟復甦的影響層面。你會不會質疑印了那麼多錢，那些國家會不會出現通貨膨脹？或匯率貶值？答案：通貨膨脹應該可能也是會，但不會太嚴重。至於匯率應該會受影響，但也不至於貶值得太多，因為那會牽扯相對幣別升值太多，衝擊他國的出口。如：美元貶，台幣升，那台灣出口就受影響了。

這些經濟體實施 QE 後，並不會造成該國通貨膨脹的主要原因，乃是因為它們多印來的那些鈔票，如：美元、歐元、英鎊、日圓，都是全世界主要流通的貨幣，所以不會只有在它們國家裡使用。尤其，美元更是中南美、非洲、東南亞等國家喜歡用來支付的貨幣，因為美元都比它們那些國家的幣值具有信用啊！

講到這裡，應該對中央銀行降息或實施 QE 政策，有些瞭解吧！所以中央銀行它只要去控制它的資金流量，就可影響利率、匯率以及股價的變化。因此中央銀行是一個很重要的機構，且通常都獨立於政黨之外，才不會受政治所干擾。

台灣已被定義為「匯率操縱國」嗎？
那台灣可能得了「荷蘭病」嗎？

根據上一個專欄的說明，讓我們知道全球四大中央銀行（美國、歐盟、英國與日本），在金融市場受到危機衝擊時，都不約而同的實施 QE 政策，雖不致於發生通貨膨脹，但印太多鈔票還是會浮現幣別貶值的問題。

近期，我國就因美元相對於新台幣貶值幅度過大且速度過快，因此中央銀行不得不進行外匯干預，不讓新台幣升值太猛，但也因此符合美國所認定「匯率操作國」的三項標準。

> 美國對於「**匯率操縱國**」設有 3 項標準，分別是對美國商品貿易順差達到 200 億美元以上、經常帳盈餘占該國國內生產毛額（GDP）比重超過 2%，以及淨買匯金額占該國 GDP 比重超過 2%。

通常被美國列入匯率操縱國，須與美國財政部進行貿易談判，如果談不攏或該國不進行改善，那可能就會被美國祭出貿易制裁或懲罰措施。但這次因疫情的關係，所以我國雖符合涉及操縱匯率 3 項標準，但卻未被列為匯率操縱國。

但也因新台幣確實升值得太強勁，會對國內傳統產業出口造成極大壓力，而削弱外銷競爭力，有人認為台灣是否染上「荷蘭病」？

「**荷蘭病**」（Hollandse Ziekte）乃荷蘭在 1959 年發現天然氣的油田，因此大量出口天然氣，帶來貿易順差，亦累積大量外匯，使得荷蘭盾大幅升值，導致該國其他產業出口競爭力下降，並加速去工業化，因此經濟學人將此問題以該國的國名稱之。

前陣子，新台幣的升值幅度確實很大，也造成出口商苦不堪言，但由於台灣並不是原物料主要出口國，與當年荷蘭受天然氣出口收入增加，而造成幣值大幅升值的情形是不同的。所以要說台灣染上「荷蘭病」，確實言過其詞啊！

我國外匯存底在全球一直名列前茅，這些錢可發下來給全國民眾使用嗎？

　　根據中央銀行 2021 年 6 月底所公布的資料，我國外匯存底金額為 5,432.82 億美元，在全球排名第 4 名，僅次於中國大陸、日本與瑞士。長久以來，我國外匯存底就一直名列前茅，也常常聽到為何不把這些錢，直接給全國民眾用於國內基層建設或去國外買高科技商品呢？

> 「**外匯存底**」（Foreign Exchange Reserve），它又稱為外匯準備或外匯儲備，乃是指一國的中央銀行（或貨幣當局）持有並可以隨時兌換成外國貨幣的資產。通常外匯存底，包括中央銀行持有的外幣通貨（如：現金、存款、支票、本票與匯票）與可兌換成外國通貨的有價證券（如：票券、債券與股票）等。全球各國央行的外匯存底都以「美元」計算。

　　那外匯存底從何而來？一般而言，外匯存底來源大概可以從兩方面取得：

❶ 國際貿易順差：國人向國外銷貨或提供勞務技術所賺得的外匯，並不能直接在國內使用，必須至銀行將外匯換成新台幣，銀行為了保有足夠的新台幣資金，又把外匯賣給中央銀行，這就是外匯存底的最主要來源。

❷ **國際熱錢流入**：外國投資人若想至台灣進行實體投資或投入股市，亦須至銀行將外匯換成新台幣，銀行又將外匯賣給中央銀行。所以這是外匯存底的另一管道。嚴格來講，這部份的外匯是屬於外國人的，央行只是在幫外國投資人保管該外匯而已。

所以我們從上述的兩點得知，外匯存底是屬於全國人民所共有，央行只不過是替國人保管而已。既然外匯存底屬於全民所有，那可以直接把外匯存底拿來用於國內的基層建設，或至國外購買先進高科技產品嗎？

首先，若要將外匯存底用於國內，那央行須將外匯撥給政府，由於國內使用新台幣支付價款，所以政府必須至銀行將外匯換成新台幣才能使用。那銀行拿到這些外匯又要賣央行，央行又要再發行一份等值的新台幣向銀行買回。這樣之前央行去市場買進外匯，已經發行一份的新台幣，現在為了動用外匯又要多發行一份新台幣，那流通在市面上的新台幣就增加一倍，這樣是否會造成通貨膨脹？

再者，若要將外匯存底用於國外，固然外匯存底雖可被消化，但我們之前提過，我國的貨幣發行是根據「外匯存底」與「黃金儲備」的加總。那之前央行所發行出去的新台幣，若有人想要來換回等值的外匯，那央行的外匯存底就不足了，因此「央行的外匯資產與新台幣負債」必須平衡。

至於為何我國要保留相較多的外匯存底，主因乃是台灣為小型開放經濟體，且不是國際貨幣基金組織（IMF）的會員國。當國際金融危機發生時，無法獲得 IMF 的奧援，因此央行必須維持較充裕的外匯存底，以防禦外部的衝擊。

　　講到這裡，民眾應該比較清楚我國的外匯存底，只是央行替國人保管這些外匯資產，而不能隨便拿出來給民眾使用，因為央行的「外匯資產」與「新台幣負債」是蹺蹺板關係，兩者必須是平衡的。

Unit 13　前陣子 IMF 發行 SDR，它是貨幣嗎？還是比較像是賭場內的籌碼？

　　前些日子，國際貨幣基金組織（IMF）欲發行 6,500 億美元的 SDR，以協助遭 COVID-19 疫情衝擊且財務資源匱乏的成員國，能夠儘快的從危機中復甦。一般我們常在財經報導中，聽到 ADR、TDR 與 GDR 這些名詞，但對 SDR 這個名詞應該較為陌生，那它到底是何方神聖呢？

> **特別提款權**（Special Drawing Right；SDR）乃是 1969 年由國際貨幣基金組織（IMF）正式創設的一種國際準備資產，它主要是用來記錄會員國與會員國、會員國與 IMF 之間資金往來的記帳單位。

　　通常 IMF 會根據全世界各會員國所繳納的資金，依比例分配 SDR 給各會員國。若某個國家想使用手中的 SDR 來借貸資金，可以透過 IMF 尋找另一個國家，將 SDR 跟另一個國家交換真實貨幣（例如：美元、歐元或日圓）。那這兩個國家就有借貸關係，雙方也有利息的收支。

　　一般而言，若某國想動用 SDR，致使其帳下的 SDR 持有額低於其分配額，不足部分則須支付利息給 IMF；反之，若 SDR 持有額高於其分配額，超出之部分，則可自 IMF 獲取利息。利息則由 SDR 通

貨籃[4]中，各通貨發行者「具代表性 3 個月期的貨幣市場利率」加權平均計算而得。

例如：現在南非想要向他國借英鎊，它可利用在 IMF 本身帳下的 SDR 向 IMF 提出借款需求，此時 IMF 可能協調英國將英鎊借給南非，此舉等於是南非拿 SDR 跟英國換英鎊。因此，英國在 IMF 帳下的 SDR 會增加，南非會下降。但南非必須支付利息給 IMF，IMF 必須支付利息給英國。如果以後南非有能力，可以再向英國或其它會員國購回 SDR，讓它在 IMF 帳下的 SDR 額度，能夠恢復應有的水位。

以上說明你可能還是對 SDR 的運作模模糊糊，此處我們再舉一個經濟社會中，類似的運作來補充說明。你可以想像全世界的國家出資共同開了一個賭場（IMF），賭場（IMF）依據每個國家所出的資金，依比例分配籌碼（SDR）給各國（例如：美國出比較多資金，可分配較多的籌碼），各國可以拿這些籌碼（SDR）跟賭場（IMF）進行融通資金。

> 若現在有 A 與 B 兩國，被分配到的籌碼標準額是佔所有額度的 5% 與 8%。若現在 A 國缺資金想將其中的 2% 籌碼（SDR），透過賭場（IMF）的居間，向 B 國調度真實資金（例如：美金）。此時 A 國的籌碼就少了 2% 變為 3%（5%-2%），那 B 國的籌碼就多 2% 變 10%（8%+2%）。那此時 A 國必須針對少掉 2% 的籌碼支付利息給賭場，那 B 國就可從賭場那裡領到它多持有 2% 籌碼的利息。

---

4 現今 SDR 的價值以「標準籃（Standard Basket）」的方式計算，現在標準籃子內的各國貨幣權重，分別為美元占 41.73%、歐元占 30.93%，人民幣占 10.92%，日圓占 8.33%，英鎊占 8.09%。

所以 SDR 這個資產，只是被拿來被當作與其他國家進行「真實貨幣」交換的一種「記帳單位」，它並沒有實體存在。各國所拿到的 SDR 額度，都是由 IMF 有依據的控管。

　　近期，IMF 再次增發 SDR 分配給會員國，主因是要讓那些較貧困的國家，可能之前在 IMF 帳下的 SDR 額度都用完了，透過這次增發給它們 SDR，它們可再拿來跟其他國家融通資金，以解決因這次 COVID-19 疫情所蒙受的傷害。

　　至於我國因不是 IMF 的會員國，所以我們無法利用 SDR 與國際其他國家進行這個資金的融通機制。因此我國央行必須維持充裕的「外匯存底」，以抵禦金融危機來襲時的外部衝擊。

　　講到這裡，想到我國的國際地位，到底還要「飄飄何所似」多久，才會被國際認可啊？若我們也是 IMF 的會員國，相信我國的經濟實力一定可以幫助許多經濟較匱乏的國家啊！

NOTE

3
PART

股票常識篇

我所買的股票，市場到底有多少張？
市值有多大？

　　講到股票，大概是一般普羅大眾最耳熟能詳的一項投資工具。但很多人會投資股票，但對股票的一些最基本的常識，並不是那麼清楚。以下我們介紹股票，它的籌碼面與市值的相關基本常識。

> **股票**（Stock）是由股份有限公司募集資金時，發行給出資人，以表彰出資人對公司所有權的有價證券，股票的持有人稱為股東。通常國內每張股票的「面額」是以一股 10 元為單位，每張股票有 1,000 股。但國內已從 2014 年起，推行「彈性面額股票制度」，因此現在公司可依照自己的需求，自行決定股票的面額，面額將不限於每股 10 元，可為 5 元、1 元、20 元，或甚至是美元計價亦可。

　　由於現行大部分的股票面額仍維持每股 10 元為主，所以一家 A 公司資本額（股本）為 10 億元的公司，就有 1 億股（10 億元 ÷ 10 元＝ 1 億）。因每張股票有 1,000 股，故 1 億股共可分為 10 萬張股票（1 億股 ÷ 1,000 股＝ 10 萬）在外面流通。因此股票面額設定高低，將會影響該公司股票的張數（股數）。

　　若上述 A 公司的股票，現在於證券市場經由投資人買賣，所得到均衡價格為每股「市價」為 50 元，則此公司股票市場價值為 50 億元（1 億股 ×50 元＝ 50 億元）。通常相較於資本額，股票市場價值（市值）更常被用於衡量公司規模大小。

　　我們可由表 3 得知：「新光金」的資本額（股本）約為「大立光」的 10 倍，但股票市值卻是「大立光」比「新光金」大了約 3 倍。所以在股票市場裡，「大立光」算是比「新光金」還要大的公司。

表 3　國內兩家上市公司的資本額、市價與市值的概況

股票	大立光（3008）	新光金（2888）
資本額（股本）	13.41 億元	133.17 億元
每股市價	2,980 元	9.8 元
股票市值	4,077.85 億元	1,302.04 億元

資料來源：Yahoo 股市資訊（2021/07/20）

Unit 15 我現在買的股價，會不會太貴，要如何評斷才合理？

剛踏入股市的投資人，大概都懷有一股「欲上青天攬明月」的雄心壯志與夢想，相信他一定能在這個充滿生機的市場裡，獲得勝利的果實。但隨著時間的推移，一個不小心，驀然回首，才發現我買的股票好像已經「套牢深深深幾許」了，是不是我當初買「貴」了？

通常投資人欲進場買股票時，都希望自己的買點是一個相對低點或起漲點。那如何去評斷你的買點是合理或具上漲潛力呢？實務上，大致會用「本益比」與「市價淨值比」以進行衡量。

本益比（Price/Earnings Ratio；P/E）乃是衡量公司每股賺 1 元的盈餘，投資人願意付出多少市價購買其股票；亦即衡量投資人對於公司未來績效的信心程度。本益比的計算公式如下：

$$本益比 = \frac{每股市價}{每股盈餘}$$

通常本益比偏高的公司，表示投資人願意付出較高的市價以取得股票，也反映出投資人對其未來經營績效較具信心。本益比偏低的公司，有可能是公司股價被嚴重低估，亦有可能公司為較成熟或沒有前景的公司，投資人不願意出太高的價格去購買。

市價淨值比（Price to Book Ratio；P/B）乃是衡量投資人願意付出相對淨值多少倍的市價購買其股票。市價淨值比計算公式如下：

$$市價淨值比 = \frac{每股市價}{每股淨值}$$

一般而言，股票價格意謂著公司未來的價值，一家具有前景的公司股價應高於現在的淨值，因此公司的市價淨值比應高於 1。因為公司未來經營具有遠景，投資人較願意付出相對淨值愈高的市價以取得股票。若市價淨值比偏低的公司，有可能是股價被嚴重低估，亦有可能已是較成熟或沒有前景的公司，投資人不願意出太高的價格去購買。

投資人利用「本益比」與「市價淨值比」，以評斷公司當時的股價是否處於高估或低估，須注意兩點原則：

❶ 這兩種指標必須要在同一產業與其相似公司進行比較，這樣較客觀。

❷ 現在某家公司的這兩種指標，可與它以往的歷史資料相比較，也可清楚的知道現在這家公司的股價，到底是處於高估還是低估？

以上若投資人利用「本益比」與「市價淨值比」衡量後，進行投資，大致只能說你所買到的價格可能是合理價，將來被套牢的機會與空間較小，但並不代表你就一定可以獲利。

因為買股票等於是在買這家公司的未來性，若要獲利必須要隨時注意這家公司的市場即時訊息、還有法人的持股比例……等許多資料，才能客觀研判。所以投資股票，必須要耗費很多心力，才能獲取應有的報酬，並不如想像中的輕鬆，因此也正是「天下沒有白吃午餐」的道理。

Unit 16 想拿股利？要先搞懂除息與除權之不同？

　　通常一家公司經過整年的營業活動之後，會將去年的盈餘分配給股東，亦可說是分派股利給股東作為報酬。股利可以利用「現金」與「股票」兩種方式發放，但股東拿到股利的同時，其所持有的股票價格，也必須跟著進行「除息」與「除權」的調整。

　　市場上，應該有許多投資人只知道股票，被除息或除權時，股價會往下調整，但並不完全清楚它為何這樣調整，以下本專欄將詳細說明之：

　　首先，我們來談「現金股利－除息價格調整」：若公司以現金股利配發給股東時，公司股本不會產生變化，但公司的內部現金因而減少並轉移至股東身上。在考慮「股東持有股票總價值不變」的情形下，此時股東現金增加，但持有股票市值必須減少，因此股價須向下調整，稱為「**除息**」。

　　例如：某家公司現在股價 120 元，現在發放 5 元現金股利，除息後為 115 元（120 元－ 5 元）。若某一檔股票除息後，經過一段時間股票漲回原先除息日的基準價格，稱為「填息」；若經過一段時間股價仍比原先除息日的基準價格還低，稱為「貼息」。

　　其次，我們來談「股票股利－除權價格調整」：若公司以股票股利配發給股東時，乃將原本要給股東的現金留在公司內部並轉化成股本，將使公司的股本增加。在考慮「股東持有股票總價值不變」的情形下，此時股東持股會增加，但股票原本市值並無受影響，因此股價須向下調整，稱為「**除權**」。

　　例如：某家公司現在股價 120 元，現在發放 5 元股票股利，除權後為 80 元（120 元 ÷1.5 元）。若某一檔股票除權後，經過一段時間股票漲回原先除權日前的價格，稱為「填權」；若經過一段時間股價仍比原先除權日的基準價格還低，稱為「貼權」。

　　以下我們再舉一個例子詳細說明。當一家公司發放現金與股票股利時，其公司股票市值、股本與除息除權後的價格調整情形。

　　假設有一公司的股本為 10 億元，且股票面額為每股 10 元，現在公司股價每股市價為 50 元。若公司未來將發放 2 元現金股利或股票股利，則它的股票市值、股本與除息除權後的股價為何？詳見表 4 之說明。

表 4　股票除權與除息之價格調整

	股票市值	股本	除息除權後價格
未發放股利前	股本 10 億元，將有面額 10 元的股票 1 億股（10 億元 ÷ 10 元）。每股市價為 50 元，有 1 億股的股票，因此公司股票市值為 50 億元（50 元 × 1 億）。	10 億元	50 元
發放 2 元現金股利	因公司有股票 1 億股，因此每股發放 2 元現金股利，將使公司的 2 億元（1 億 × 2 元）現金發放給股東，在考慮股東持股總價值不變下，股票市值將減少 2 億元而成 48 億元（50 － 2）。	此時公司的股本，不因發放現金而有所變化，仍維持 10 億元股本。	公司股票市值因發放 2 億現金減為 48 億元，因此公司發放 2 元現金股利後，除息股價應調整為 48 元（50 － 2）。
發放 2 元股票股利	公司發放 2 元股票股利，雖股東持股增加，但股價會往下調整，使得公司股票市值仍維持原先 50 億元。	公司將原先給股東的 2 億元的現金轉為股本，使公司的股本增加 2 億元，變為 12 億元股本。	公司的股本增加 2 億元，每股面額 10 元的股票數量增加 0.2 億股（2 億元 ÷ 10 元），因此公司發放 2 元股票股利後，除權股價應調整為 41.67 元（50 元 ÷ 1.2）。

　　以上說明了股票的除息與除權的計算，若投資人對其公司股本與市值會如何變化，置之不理仍無妨，但股價的調整就必須知其所以然，因為會有許多股票相關商品（如：選擇權、權證）的訂價與其相關。

現在所買的股票為高股利殖利率股，那以後也可如此領到優渥的股利報酬嗎？

在市場上，常常聽到要買「高股利殖利率股來進行存股，以後即使股票被套牢，放久了，光領高股利，也能較快翻身？」這句話，不全然正確。主要的原因在於現在是高股利殖利率股，以後未必可以繼續領到優渥的股利報酬啊！

所謂的「**現金股利殖利率**」（Cash Dividend Yield）乃是衡量投資人每投入 1 元的市價能獲取多少比例的現金股利。現金股利殖利率計算公式如下：

$$現金股利殖利率 = \frac{現金股利}{每股市價} \times 100\%$$

股票投資人會拿現金股利殖利率與銀行定存利率相比較，以衡量所投入的資金是否高於機會成本。所以現金股利殖利率愈高的股票，較可能受到以領股利為主的投資人之青睞。但投資股票最重要的，還是要看它的股價成長性。若你買到的股票，乃當時市場的「高股利殖利率股」，但以後股價變得一蹶不振，股利也跟著縮水，那你可能會被套牢很久，甚至血本無歸。

例如：假設有一檔股票剛發完現金股利5元，股價為100元，以現在股價標準所計算而得的股利殖利率為5%，或許在當時屬於高股利殖利率股的成員。此時你用100元購入，待明年它要發股利時，它的股價居然跌至40元，公司發放2元現金股利，仍可維持5%的高股利殖利率，但因你是用100元買入，所以你的股利殖利率才2%，而非之前的5%。但你的股票現已有60元的價差損失了，若將來股價都維持在低檔，即使股利每年都維持5%，那你想要翻身，可就要等很久了。

因此投資人若想要買進「高股利殖利率股」來進行存股，即使你觀察它長期的股利政策，以及股價的穩定性都沒問題。但市場變化通常很快，最後還是會讓你事與願違。

最後，若你當時買到的股票屬於高股利殖利率，幾年後，股價真的已經落到「東風無力百花殘」的階段，我想它的股利應該也是處於「蠟炬成灰淚始乾」的狀況，那你的存股美夢就只能說是「此情可待成追憶」。現在最好的處理方式，你應該和那檔股票彼此「不如相忘於江湖」，各自重新尋找人生的全新夥伴，比較實際啊！

Unit 18　投資人拿到股利後，股利要被課多少稅與須繳納多少健保補充保費？

　　每當公司要發放股利時，確實有些投資人會考慮要不要跟著除息除權去領股利。因為他必須考量他所領到的股利，到底要被課到多少稅，以及要不要繳健保補充保費？

　　通常投資人領到的股利可分成「**現金股利**」與「**股票股利**」兩種。

　　若是「**現金股利**」，那是一筆現金，所以在計算稅額時較方便。例如：某人持有 5 張（5,000 股）A 股，若現在 A 股發放現金股利 2 元，則此時投資人可領到 10,000 元（2×5,000）現金。

　　若是「**股票股利**」，那就必須將領到的股數，以 **10 元面額計算換成金額，再被課稅**。例如：某人持有 10 張（10,000 股）B 股，若現在 B 股發放股票股利 3 元，則投資人可領到 3,000 股（3/10×10,000）的股利，則被課稅金額，乃將持有股數乘以面額 10 元計算，則為 30,000 元（3,000×10）。

　　投資人須將「整年」所領到的「現金股利」與「股票股利」相加總後，再進行課稅。自 2018 年起，具股利所得之納稅人，可自行選擇「分開計稅」或「合併計稅」二擇一。通常「低所得」選擇合併計稅，「高所得」者採分開計稅比較划算。表 5 為兩種課稅方式所適用者與內容的說明：

表5　兩種股利課稅方式所適用者

課稅方式	所得級距適用者	課稅的內容
合併計稅	適用「低所得」者，淨所得稅率級距為 30% 以下	股利所得併入綜合所得課稅，並按股利所得 8.5% 計算可抵減稅額，且每一申報戶，以 8 萬元為上限。
分開計稅	適用「高所得」者，淨所得稅率級距為 30% 以上	股利所得按單一稅率 28% 分開計算應納稅額，再與綜合所得稅合併報繳。

　　至於健保補充保費，則以「現金股利」與「股票股利」加總後，「單次」領取達 2 萬元（含）以上，上限為 1,000 萬的股利，就需繳健保補充保費，費率為 2.11%。

　　健保補充保費是以「單次」領取就須繳交一次，但現在國內有許多股票是採「季配息」，所以若 1 年可領四次股利，那就必須針對每次領的股利進行繳交健保補充保費，這對某些人有利，也對某些人不利。

　　如果有一投資人整年單次可領 4 萬元的股利，那他就必須繳股利金額的 2.11% 給健保局；若分成季領，則每次領 1 萬元，則它可完全不用繳健保補充保費。所以採季配息的股票對一般人較有利。

　　但若有一富人它整年可領 4,000 萬的股利，它只要就 1,000 萬股利金額繳健保補充保費即可；但若分成季領則每次領 1,000 萬元，則它必須繳 4 次健保補充保費。所以採季配息的股票對富人較不利。

　　綜合上述，在國內投資股票，只要收到股利就有可能必須繳稅，或繳健保補充保費。有很多人領了股利，但股票仍被套牢，那就真的會出現「賠錢還要繳稅」的窘境，所以才會出現有人寧願放棄領股利，至少可避免稅賦的支出吧。

大部分的公司都想增資，為何有些公司卻要進行減資？

　　在股票市場裡，大部分投資人會聽到某些公司想辦理現金增資，讓股民認購新股，並可籌措新的資金。但卻也有些公司想要辦理減資，它們的原因究竟為何？

　　通常一家公司的運作就是要成長，要成長就須先有資金投入至資本支出（如：新建廠房、買新設備等），所以辦現金增資的公司理由較為單純，大多就是公司缺資金，希望原股東或有新股東再拿錢出來，讓公司擴大規模。

　　但市場上，也有些公司在經營若干年後，可能因某些因素將進行「減資」，希望讓公司股本減少，以調整公司的資本結構。通常進行減資的理由，可分為以下兩種：

❶ **財務虧損重整**：通常公司發生嚴重虧損，公司淨值低於票面金額過多，為了避免成為全額交割股或被迫下市，就會進行**彌補虧損的減資**，讓公司的資本縮小，淨值提高，同時股價也跟著上揚。此類型減資後的公司，會再辦理增資，讓公司重新調整後再出發。近期，國內裕隆旗下的納智捷汽車，就先辦理 99.5% 的減資之後再增資。

❷ **提升每股盈餘**：若一家公司經營良好，又苦於有好的投資機會，此時會考慮將來公司不需要那麼多的現金，公司可**將多餘資金去市場買回自家股票，並辦理註銷股份（即減資）**，將使流通在外股數減少，股價也跟著提升。此外，因公司股本變小，將來可提升每股盈餘的表現，對未來股價具正面效果。近期，國內鴻海就辦理每股現金減資 2 元，將公司的現金發還給股東，並讓股本縮小 2 成。

其實，無論是那一種減資方式，在減資的當下，股東持有的股數相對減少，但股價都會相對調高，對原股東的權益是不變的。但兩者的股東卻有不同的感受，因財務虧損而辦理減資的股東們，大概都被這檔股票套牢已久了，只希望能趕快解套。另一種可能會因將來公司有可能讓每股盈餘提高，讓股價更往上漲，而願意繼續持有這檔股票吧！

特別股可以拿來當存股的標的嗎？

　　說到特別股，大概是一般投資人鮮少接觸到的投資工具。主要是因為它在市場上，並不是每家公司都會發行特別股，而且特別股的股性較穩定，因此較不受到大部分投資人的關注。

　　但近年來，國內股市裡吹起一股「存股」的風潮，讓原本不受青睞的股性，逐漸受到追求穩定現金流的投資人喜愛。那它真的適合拿來當存股標的嗎？

> **特別股**（Preferred Stock）乃是介於「普通股」與「債券」之間的一種折衷證券，一方面可享有「固定股利」的收益，且本身也具期限，所以近似於債券；另一方面又可表彰其對公司的所有權，在某些情形下，甚至可享有投票表決權，故亦類似於普通股。

　　通常喜歡存股的投資人，主要著眼於特別股較像「債券」的特性。因為特別股每年所發放的固定股利收益，通常會高於一般的債券、也高於定存的收益；而且特別股到期時，公司也會還你投資的本金，所以確實能贏得一些資金大戶的芳心。

那投資人真把它拿來當作「定存股」來投資，難道都沒有風險嗎？這個風險大致有三個：

❶ 特別股的股利雖在發行時就敲定，但它也有個先決條件，就是若公司那一年沒賺錢，那你也有可能拿不到下一期的股利，所以美夢也會落空。

❷ 發行特別股的公司有可能在特別股未到期前，就提早贖回，所以你要持續領股息的美夢，可就要提早被打醒。

❸ 發行特別股的公司有可能發生倒閉，而特別股的求償權是在債權之後，所以你的本金有可能無法回收，因此你的美夢有可能變成惡夢。

因此若有投資人想要利用特別股當定存股，仍必須注意以上三點風險，以免領不到股息又可能連本金都無法回收，那真是「賠了夫人又折兵」啊！

Unit 21　台積電 ADR 是什麼？
它是股票嗎？

　　通常每日台股開盤前，各家資訊媒體就會傳回昨日美股收盤如何？而且投資人也會特別關切「台積電 ADR」昨日在美股中的表現？那什麼是「台積電 ADR」，它是一種股票嗎？為何投資人要如此關心它呢？

　　無庸置疑，台灣股市裡，台積電是集「三千寵愛於一身」的重點股票，光它一檔的權重就佔整個大盤約 3 成（28.6%[5]）的比重，因此它的漲跌動靜確實會直接左右台股的走勢。

　　台積電是一家本土的公司，它除了在台灣證交所掛牌之外，也在美國股票市場掛牌。當然的，要在別的國家掛牌就必須符合當地的規格與幣別，所以原來它在台灣上市以「新台幣」計價的股票，必須經重新包裝轉換成「美元」計價的有價證券，才能至美國股市掛牌交易。

　　「存託憑證」（Depository Receipt；DR）就是讓不同市場間的股票，可進行相互轉換成當地可以交易的一種有價證券。存託憑證的運作，乃發行公司提供股票寄於發行公司所在地的保管機構，而後委

5　根據 2021/07/26，台灣證券交易所的資料。

託外國的一家存託銀行代為發行，表彰該公司股份權利憑證，使其股票能在國外流通發行，以供證券市場上買賣。

跨國公司至海外發行 DR，會冠上發行地該國的英文名稱的第一個字母，如：美國（American）就稱 ADR，台灣（Taiwan）就稱 TDR，另一種提供給不限當地投資人，以提供給廣泛全球（Global）投資人購買的就稱 GDR。

所以台積電的 **ADR** 等於本土台積電原股的海外分身。一般都是原股的漲跌去左右在海外 DR 的走勢，但因台積電 ADR 是在全球最大的股市掛牌，所以受到全球關注度較高，因此反而倒是它的 ADR 漲跌會影響台灣母股的走勢。所以我們只要看到昨日台積電 ADR 股價出現大跌，那此訊息可對今日即將開盤的台股提供了「山雨欲來風滿樓」的警示作用。

所以台積電的 **ADR** 是股票嗎？它是一種可以換成真正股票的有價證券，在美投資人可以購買若干台積電的 **ADR** 申請換成台積電的原股，當然台積電的原股只要經過核准通過，也可至美國申請 **ADR** 掛牌，或至全球各地申請掛牌。

Unit 22 台灣股市真的有「元月行情」嗎？

　　每當年底，耶誕節過後，準備在新的一年開始，許多人對未來都會充滿著「明年會更好的期待」；在新年之初，也是很多計畫活動展開新頁的時期，因此也會讓人們較積極的投入規劃新未來，並期許自己從元月的開始就能變成理想中的模樣，「閃閃發亮」且「耀眼動人」。

　　當然，股市也不例外，投資人對每年一開始的股市表現都充滿較高期待，這時也會比較積極的佈局，所以常常都會聽到國內外股市在元月時較容易上漲的報導，也就是所謂的「元月效應（行情）」的看法存在。那究竟國內股市真的有元月行情嗎？

　　本專欄蒐集整理 1990 年至 2021 年，共 32 年期間的台灣加權股價指數元月份的報酬率。我們可以從表 6 發現元月份的報酬率，其正負比例為 17：15，也就是說台股呈現元月效應（行情）的現象，其比例僅約為 53%，若以統計檢定，該比例應該是不顯著的。

　　因此，以後投資人，若再看到股市即將開啟元月行情的相關報導時，或許不應再一窩蜂的一廂情願了，以免「多情卻被無情惱」。

表 6 1990~2021 年台灣加權股價指數元月份報酬率

年份	1990 年	1991 年	1992 年	1993 年
報酬率	25.25%	（-11.18%）	17.19%	（-0.07%）
年份	1994 年	1995 年	1996 年	1997 年
報酬率	0.73%	（-11.46%）	（-7.93%）	5.04%
年份	1998 年	1999 年	2000 年	2001 年
報酬率	（-1.24%）	（-6.54%）	15.34%	25.26%
年份	2002 年	2003 年	2004 年	2005 年
報酬率	5.78%	12.64%	8.23%	（-2.37%）
年份	2006 年	2007 年	2008 年	2009 年
報酬率	（-0.25%）	（-1.59%）	（-11.58%）	（-7.48%）
年份	2010 年	2011 年	2012 年	2013 年
報酬率	（-6.69%）	1.93%	6.29%	1.95%
年份	2014 年	2015 年	2016 年	2017 年
報酬率	（-1.73%）	0.59%	（-2.31%）	2.10%
年份	2018 年	2019 年	2020 年	2021 年
報酬率	4.33%	2.11%	（-4.18%）	2.75%

資料來源：TEJ 資料庫

當冷風來襲，時序邁入 12 月，一年將結束之際，各行各業都忙著結算今年的業績。通常業績優劣，攸關明年的考績與年終分紅獎金等等，所以大家都會儘量的「擦脂抹粉」，讓業績看起來，即使無法達到「光彩耀眼」，至少還能「中規中矩」。

當然，在股市裡，年終也是各類投資人結算今年績效的時刻，尤其對上市、上櫃公司與機構法人而言，那更是「重中之中」了。通常公司大股東或法人，為了美化期末的投資帳面數據，都會不約而同的利用各種方式拉抬手中的持股，而使得股價容易出現上漲的情形，我們稱之為「**作帳行情**」，或說是「窗飾效應」（Windows Dressing Effect）。

對於上市櫃的公司而言，為了讓當年度的財務報表數據好看一點，以增加市場投資人對公司的認同度，可能會特地釋放出利多消息，拉抬公司股價，以增強原有公司大股東的持股意願，並吸引更多潛在投資人的購買意願。

對於基金經理人與證券自營商而言，其所操作的基金或投資池，年度績效的優劣，重則攸關他們未來是否還有飯碗可以捧，輕則影響他們的績效獎金或分紅，因此在這段時期都會設法拉抬手中持股，以提升操盤績效。

所以在每年的年底，國內股市裡的機構投資人，是否會積極優化其投資帳面價值，而使得股市在 12 月份較容易出現收紅盤的現象，以間接的反應出國內的「年底作帳行情」呢？

本專欄蒐集整理自 1990 年至 2020 年，共 31 年期間的台灣加權股價指數 12 月份報酬率。我們可以從表 7 發現 12 月的報酬率，其正負比例為 25：6，也就是說台股可能具有年底作帳行情的現象，其比例超過 80%，若以統計檢定，該比例是顯著的。

表 7　1990~2020 年台灣加權股價指數 12 月份報酬率

年份	1990 年	1991 年	1992 年	1993 年
報酬率	3.49%	5.07%	（-8.11%）	39.43%
年份	1994 年	1995 年	1996 年	1997 年
報酬率	11.96%	8.30%	1.58%	5.00%
年份	1998 年	1999 年	2000 年	2001 年
報酬率	（-10.57%）	9.43%	（-9.85%）	25.00%
年份	2002 年	2003 年	2004 年	2005 年
報酬率	（-4.18%）	2.06%	5.05%	5.56%
年份	2006 年	2007 年	2008 年	2009 年
報酬率	3.38%	（-0.93%）	2.93%	7.99%
年份	2010 年	2011 年	2012 年	2013 年
報酬率	7.17%	2.43%	1.57%	2.43%
年份	2014 年	2015 年	2016 年	2017 年
報酬率	1.31%	0.21%	0.14%	0.78%
年份	2018 年	2019 年	2020 年	2021 年
報酬率	（-1.62%）	4.42%	7.36%	na

資料來源：TEJ 資料庫

　　因此以後，若在年底前，散戶投資人應可趕快在股市裡佈局，或許可藉由法人的年底作帳行情的抬轎下，會讓你的財富有機會「更上一層樓」。

Unit 24 常聽到操作台灣 50ETF，利用 KD 小於 20 買進，KD 大於 80 賣出，這樣可以獲利嗎？

　　剛剛進入股票市場的投資人，一定會覺得技術面分析很有趣，也很學問的樣子。其實技術面分析，嚴格來說是一種落後指標，它是由股票歷史的價量關係所計算而得，所以股票的價量才是「因」，技術指標是「果」，因此利用「果」來預測「因」，常會出現「霧裡看花」的感受，沒人捉個準。

　　尤其，由許多技術指標所建構的線圖，更讓人有一種「橫看成嶺側成峰，遠近高低各不同」的感覺，因每個人的看法角度不同，就有迥異的操作手法。所以常常會出現某些技術指標處於某個值時，那到底要去買？還是賣？還是再等一下，看看如何變化？都是投資人容易出現困惑的問題。

　　一般說來，常用的技術指標不外乎 KD、RSI、MACD 與乖離率……等幾種，雖然每種的組成不太一致，但其實都相去不遠。若用這些指標來預測受籌碼面影響的個股走勢，常常會讓投資人有「丈二金剛」的困擾，有時會出現指標在高檔鈍化與低檔鈍化的情形，所以效果並不理想。一般說來，若拿來預測比較不受籌碼面影響的大盤指數之走勢，可能就比較具有參考價值。

　　所以本專欄將利用投資人常用的技術指標之一：**KD 值**，以操作代表指數報酬的「台灣 50ETF」。看看利用此指標來操作台灣 50ETF，是否真能獲利？

　　本專欄的實證期間為 2011 年 7 月 4 日至 2021 年 7 月 2 日，共 10 年，520 週的「週資料」。通常利用 KD 指標，有人會設 K 值小於 15 或 20 則執行買進，或 K 值大於 85 或 80 則執行賣出。由於本實證採「週資料」，所以將以較寬鬆的 K 值小於 20 買進，K 值大於 80 賣出，來進行操作台灣 50ETF。

本實證以台灣 50ETF 的「週 K 值」觸及 20 以下就執行買進，待一段期間後，又觸及 80 以上就執行賣出，由表 8 得知：這 10 年內，若用此準則操作，共有 5 次操作機會。這 5 次操作的平均持有期間為 13 週，平均報酬率為 8.74%。由此可知：利用 KD 值來進行台灣 50ETF 的操作是有機會獲利的。

　　利用此準則進行操作，平均每次要持有 3 個月左右，雖不算太久，投資報酬率也不是太豐厚，但其實，只要遵守有紀律的操作，此準則應該很適合中線波段操作的投資人。

表 8　利用 KD 值操作台灣 50ETF 的情形

操作記錄	第 1 次		第 2 次	
時間	2012/05/18	2012/08/24	2014/10/24	2015/02/13
週 K 值	13.68	80.99	18.79	85.09
ETF 買賣價格	買 49.67 元	賣 53.10 元	買 63.05 元	賣 69.45 元
持有期間	14 週		16 週	
價差	3.43 元		6.4 元	
期間配息	0 元		0 元	
總報酬率	6.91%		10.15%	
操作記錄	第 3 次		第 4 次	
時間	2015/08/07	2015/10/23	2016/01/15	2016/03/11
週 K 值	18.30	83.42	18.10	83.14
ETF 買賣價格	買 64.70 元	賣 70.22 元	買 56.70 元	賣 63.55 元
持有期間	11 週		8 週	
價差	5.52 元		6.85 元	
期間配息	0 元		0 元	
總報酬率	8.53%		12.08%	
操作記錄	第 5 次		1~5 次	
時間	2018/11/23	2019/03/15	平均持有週數	
週 K 值	18.07	80.34		
ETF 買賣價格	買 75.35 元	賣 77.60 元		
持有期間	16 週		13 週	
價差	2.25 元		平均報酬率	
期間配息	2.3 元			
總報酬率	6.04%		8.74%	

資料來源：Yahoo 股市資訊

常聽到操作台灣 50ETF，利用「藍燈買，紅燈賣」，這樣可以獲利嗎？

　　股票市場裡，投資人為了尋求獲利，各自有自己研判漲跌、進出場時機的準則。無疑的，股市的榮枯與景氣循環有著密切的關係。所以在市場上，也有投資人利用景氣指標的起落，來預測股市未來的走勢，並進行操作。

　　經濟景氣循環的可分成四階段：「谷底」、「擴張」、「高峰」與「收縮」。我國「國家發展委員」會每月底公佈的景氣對策燈號[6]，其燈號分別為「紅燈」、「黃紅燈」、「綠燈」、「黃藍燈」與「藍燈」五種燈號，其各代表景氣由繁榮至衰退的信號。紅燈表示景氣過熱，黃紅燈表示景氣趨向熱絡，綠燈表示景氣穩定，黃藍燈表示景氣趨向衰退，藍燈表示景氣衰退。

　　當景氣處於或即將邁入谷底時，股市應處在低檔徘徊階段，此時應是買進股票的好時機；當景氣處於或即將邁向高峰時，股市應處在高檔震盪階段，此時應是賣出股票的好時點。因此股票市場就有「藍燈買，紅燈賣」的操作手法，那此操作真的可讓我們獲利嗎？

6　景氣對策信號包含這 9 個項目分別為「貨幣供給額 M_{1B} 變動率」、「股價指數」、「工業生產指數」、「製造業銷售量指數」、「製造業營業氣候測驗點」、「非農業部門就業人數」、「海關出口值」、「機械及電機設備進口值」及「商業營業額」。

本專欄將以國發會所發布的景氣燈號搭配台灣 50ETF，進行「藍燈買，紅燈賣」的操作實證。通常國發會每月所公布的燈號為上一個月的景氣狀況，也就是說 2003 年 6 月底會公布 5 月的燈號。所以若要進行「藍燈買，紅燈賣」的操作，必須有一個月的時間差。因此我們將以每次景氣循環過程中，亮出第一個藍燈（紅燈），則買進（賣出）當月底的台灣 50ETF，以進行實證分析。

　　本專欄將以台灣 50ETF 的上市日，2003 年 6 月為實證起點，並以 2021 年 6 月底為終點。這 18 年的期間內，國內共出現 3 次景氣指標燈號，有從藍燈至紅燈的完整循環。

　　由表 9 得知：這 3 次景氣循環的操作中，前 2 次大致為時 1~3 年（12 個月 ~37 個月），可以獲得 20% 左右的報酬率。但第 3 次的操作必須歷經 111 個月，是將近 10 年的光陰，雖可獲得 322.76% 的報酬（若換算為年化報酬率約 13.5%），但或許對有些人而言，這持有期可能有點太長；很有可能在景氣復甦穩定後，亮綠燈就賣了，因為有可能景氣燈號還沒亮到紅燈，它又進入衰退期了。

　　經過本實證發現，若遵守「藍燈買，紅燈賣」的操作準則，確實可以獲取還不錯的報酬，且較適合中長期布局的投資人。但此操作準則，投資人必須克服某些心理關卡，才能獲得勝利的果實。

　　因為當股市處於低迷時，投資人的心裡會較悲觀，若請你在這段期間勇敢的進場買股票，確實有很多人不敢如此做。但其實「行到水窮處」，也正是準備「坐看雲起時」，只要投資人能克服畏懼的心裡，絕境之後，也正是希望的開始。勇敢的在亮「藍燈」時進場，你不一

定要等到「紅燈」才出場，即使在「綠燈」提早下車，應都有不錯的
報酬率。

表 9　利用「藍燈買，紅燈賣」操作台灣 50ETF 的損益情形

操作記錄	第 1 次（註）		第 2 次		第 3 次	
燈號公布時間	2003/05	2004/05	2006/12	2010/01	2011/11	2021/02
燈號	藍燈	紅燈	藍燈	紅燈	藍燈	紅燈
ETF 買賣時間	2003/06	2004/06	2007/01	2010/02	2011/12	2021/03
當時大盤指數	4,872	5,839	7,699	7,436	7,072	16,431
ETF 買賣價格	20.48 元	24.72 元	35.06 元	35.68 元	37.21 元	134.75 元
持有期間	12 個月		37 個月		111 個月	
價差	4.24 元		0.62 元		97.54 元	
期間配息	0 元		5.5 元		22.55 元	
總報酬率	20.70%		17.46%		322.76%	

註：在第一次操作記錄中，首次亮藍燈為 2003/04，但因考量台灣 50ETF 的上市日
　　為 2003/06，所以必須以該次景氣循環的第二個藍燈公布 2003/05 為起算點。

資料來源：國發會與 TEJ 資料庫

Unit 26 常聽到 M1B 與 M2 黃金交叉或死亡交叉，股市就會真的大漲或大跌嗎？

　　通常股票價格要上漲，最直接原因就是來自於資金的動能，那金融市場內的「貨幣供給量」多寡，可當作為市場資金動能是否充足的指標。當貨幣供給量增加時，使得可投入股市的資金增加，比較容易造成股價上漲；反之，當貨幣供給量減少時，可投入股市的資金減少，有可能導致股價下跌。

　　各位還記得吧，Unit 9 討論的重點中，提到中央銀行發行 2 兆 7,472 億元的「實體貨幣」，經過銀行「存放款系統」的乘數效果，最後跑出超過 50 兆的「存款貨幣」出來。那個 50 兆的「存款貨幣」，就是我們這裡要討論的「貨幣供給量」的定義之一，也就是以下所要說的 **M2 貨幣供給量**。

　　目前國內衡量貨幣供給量的指標分為三種，即 M_{1A}、M_{1B}、及 M_2，三者的差別在於統計的範圍大小不一。以下為這三者的定義：

M_{1A} = 通貨淨額 + 支票存款 + 活期存款。

M_{1B} = M_{1A} + 活期儲蓄存款。

M_2 = M_{1B} + 準貨幣（定期存款 + 定期儲蓄存款 + 外幣存款 + 郵政儲金 + 外國人持有新台幣存款 + 附買回交易餘額 + 貨幣市場共同基金）。

　　一般而言，M_{1B} 為短期流動性較高的資金，當股市活絡時，資金會從定存（儲）轉入活存（儲）；反之，當股市氣衰時，資金會從活存（儲）會轉入定存（儲），所以 M_{1B} 年增率的變動會較大些。M_2 則為所有的貨幣總額，所以不管股市榮枯，其定存（儲）與活存（儲）資金相互流動，並不太會影響整體貨幣的總量，所以 M_2 年增率的變動較平穩些。

　　因此在實務上，常利用 M_{1B} 與 M_2 年增率的相互變動情形，來瞭解資金的流向，進而研判對股市的影響。所以常聽到，當 M_{1B} 由低處往上突破 M_2，亦稱「**黃金交叉**」，表示短期資金活絡，股市資金充沛，是否會帶動股市有資金行情？反之，當 M_{1B} 由高處往下突破 M_2，亦稱「**死亡交叉**」，表示短期資金退縮，股市資金動能不足，股市可能會有下跌情形？

　　嚴格說：M_{1B} 與 M_2 兩者出現「黃金交叉」、「死亡交叉」後，股市後續可能比較容易出現大漲或大跌的說法，若要成立，**必須要當時市場的「活期存款利率」與「定期存款利率」兩者具有相當的差距**，這種說法才具參考性。

　　因為若這兩種利率的差異並不大的情形下，一般人並不會很明顯的將資金在活存（儲）與定存（儲）之間頻繁移動，所以即使資金都以活存（儲）為主的 M_{1B}，且 M_{1B} 也高於 M_2，也並不一定代表看好股市的後續發展。

　　所以金融市場內某些看法，可說「此一時，彼一時」，投資人必須根據當時的情形進行調整，才不至於落入制式的窠臼中。

Unit 27　VIX 指數大漲時，股價就一定會出現大跌嗎？

　　自從國內的富邦投信上市一檔 VIX 相關的 ETF 之後，讓國內投資人開始對這個特殊的商品產生很大的好奇，尤其，它居然在股市大跌時，還可以出現大漲，所以確實有些發國難財的感覺。那它究竟是什麼東西啊？

> **波動率指數**（Volatility Index；VIX）乃由美國芝加哥選擇權交易所（CBOE）於 1993 年，以 S&P500 股價指數選擇權的價格，反推回來的隱含波動率指數；也就是說投資人藉由交易 S&P500 股價指數選擇權的情形，間接反映 S&P500 股價指數的波動性。

　　當投資人預期股價指數會出現悲觀性的大跌時，選擇權的價格會出現較大振幅，此時 VIX 指數就會愈高漲，這也代表投資人的心理出現恐慌，所以 VIX 指數又被稱為「投資人恐慌指數」。反之，投資人預期股價指數會偏向樂觀與持穩，則選擇權價格的波動性變小，VIX指數就會下跌或維持在相對低點。

　　因此，VIX 指數與股市的走勢，大致呈現某些程度上的相反趨勢，但並不是絕對的。因為選擇權價格出現較大波動時，只能說市場會出現劇烈波動，但不一定會大跌。因為有時市場波動變大，只是投

資人不理性的從眾交易行為所導致,例如:市場出現不實的傳言與謠言,導致投資人集體不安,待「謠言止於智者」後,市場就又恢復平靜,而非市場真的變得悲觀。

因此,投資人在參考 VIX 指數變動進行投資策略規劃時,可適時的把它當作市場走勢的反指標,但又必須考量市場指數,現在所處的位置是相對高或低,或近期指數漲跌幅度大小,才能進行較明確的研判。

Unit 28　股市也有保險絲的裝置，你知道嗎？

　　股票市場常因突然不可預期的「黑天鵝」事件發生，造成市場劇烈波動，甚至引起投資人瘋狂的跟風殺盤，導致股價如跳水般的墜落。各國證券市場為了防止這種不理性的崩盤，對市場造成傷害，於是設置類似保險絲的裝置，予以防範。這個保險絲的裝置，在美國稱為「熔斷機制」，在台灣稱為「瞬間價格穩定措施」。

> 「**熔斷機制**」（Circuit Breaker / Trading Curb）乃當市場發生劇烈變動時，並觸及機制所設定的停損（利）點，則市場自動暫停交易一段時間，讓瞬間瘋狂漲跌的市場能夠先冷靜下來，之後重新恢復交易，並期待恢復流動性。

　　表 10 為美國股市「熔斷機制」的三階段設定情形：

表 10　美國股市「熔斷機制」的三階段設定

階段	觸發漲跌幅	觸發後
第一階段	7%	暫停交易 15 分鐘
第二階段	13%	暫停交易 15 分鐘
第三階段	20%	直接休市

　　前陣子，美國股市受 COVID-19 疫情延燒以及國際油價崩盤影響，居然在 2020 年 3 月份出現四次熔斷記錄，這是自 1988 年設置熔斷機制以來，除了 1997 年曾經觸發過後，近 23 年以來，首度觸發且罕見的連續發生，可見當時市場的情況多麼險峻。表 11 為這四次熔斷的情形。

表 11　美國股市於 2020 年四次熔斷的情形

日期	熔斷情形
2020/3/9	標普 500 指數開盤後跌幅超過 7%，觸發第一階段熔斷機制。
2020/3/12	標普 500 指數開盤後跌幅超過 7%，再次觸發第一階段熔斷機制。
2020/3/16	標普 500 指數開盤跌幅 8.14%，觸發當月第三次熔斷。
2020/3/18	標普 500 指數盤中跌幅 7.01%，觸發當月第四次熔斷。

　　相較於美國股市無漲跌幅限制，台灣股市的漲跌幅 10% 限制，基本上也就具備熔斷機制的效果。雖然台灣整個大盤股價指數沒有熔斷機制，但個股還是有類似熔斷機制，也就是「瞬間價格穩定措施」。只要個股價格上、下波動超過 3.5% 時，就執行瞬間價格穩定措施，會暫緩交易 2 分鐘，讓投資人冷靜一下，可以決定是否撤單或重新改價下單。

　　因股市常有突發事件，一些小小的燎原；又因投資人的從眾行為，導致市場容易出現「野火燒不盡，春風吹又生」的延續效應，因此設置保險絲機制，才能阻斷不理性的錯殺，讓市場儘快降溫冷卻，對投資人的傷害較小。

4
PART

基金常識篇

Unit 29　為什麼買賣台灣 50ETF 跟一般基金的地點與方式不同？

　　或許有人去股票市場買台灣 50ETF 這檔股票，以為它就是股票，但其實不是，它是一種基金。但有人認為要買基金，不是要去銀行或投信等那裡申購嗎？怎麼也可直接在股票市場購買呢？

　　基本上，上述的問題最根本的原因是，**在股票市場直接購買的基金（如：ETF）是屬於「封閉型基金」，但去銀行或投信等地購買的基金是屬於「開放型基金」，這兩類基金的運作方式是不一樣的。**

　　首先，這兩類型基金，都是投信以發行「受益憑證」方式，向普羅大眾募集資金，然後再投入金融市場的各種商品（如：股票、債券……等）。當基金經理人將資金投入各種金融資產，經過一段時間，有些賺有些賠，整體投資可以算出損益後，再與發行單位相除，可以算出每單位受益憑證的「淨值」。

❶ **開放型基金**：可讓投資人隨時依據當時的「淨值」，向投信單位進行申購與贖回。所以當基金被申購時，資金會流入基金內，規模就會變大；若當基金被贖回時，資金須還給投資人，規模就會變小。所以開放型基金的規模不固定，會隨時有變動。

❷ **封閉型基金**：無法如「開放型基金」那樣，可以隨時讓投資人進行申購與贖回，因它在發行時，就已經將要發行多少單位數的受益憑證給固定了，以後投信也不再接受投資人的申購或贖回，因此基金的單位數不會變動，有其固定的規模。

「封閉型基金」與「開放型基金」另一不同點，乃是它必須將所發行的「受益憑證」，向交易所申請掛牌交易（像股票一樣），上市後，投資人可以依據當時受益憑證的「淨值」，透過證券商下單至交易所進行買賣，但交易的「市價」不一定等於「淨值」，所以常有折溢價的情形發生。

表 12　開放型與封閉型基金的主要差異

	開放型基金	封閉型基金
交易方式	向投信申購贖回	需在股票市場交易
申購贖回	可隨時申購贖回	不可隨時申購贖回
基金規模	不固定	固定
買賣情形	依淨值買賣	依市價買賣

所以此專欄標題中的台灣 **50ETF**[7] 就是雷同我們這裡的封閉型基金，必須至證交所掛牌交易，所以投資人須至證券商以「市價」下單買賣。但開放型基金就可直接向銀行或投信等單位，以「淨值」進行申購與贖回。

7　ETF 雖然必須以封閉型基金的型式至交易所掛牌交易，但它不全然只有封閉型的特質，它仍有開放型的特性，這待以後專欄介紹。

此部分先介紹至此，我們瞭解基金的運作方式是分成兩種類型，而它們兩者，在買賣地點與方式也是不同的，尤其在封閉型基金上，它有淨值與市價不同的折溢價問題，這問題我們待下一專欄再說明。

Unit 30

為什麼台灣50ETF有市價與淨值這兩個數據？ 那什麼是基金的折溢價？

上一個專欄介紹開放型與封閉型，這兩種基金的差異，由於開放型基金是以「淨值」申購與贖回較為單純；但封閉型基金卻有著「淨值」與「市價」這兩種數據，有些人在購買此類型基金，並不知道有如此的差別。以下本專欄將詳細說明這兩種數據的差異。

此處，要說明封閉型基金會有「淨值」與「市價」之折溢價現象前，我們仍從開放型基金說起，這樣可讓讀者比較清楚這兩者的差異。

假設 A 基金一開始募集 10 億元，且發行 1 億單位數，所以基金此時每單位淨值就是 10 元（10 億元 ÷1 億）。若經過一段時間後，投資獲利使得基金總資產價值變為 11 億元，此時每單位淨值就上漲至 11 元（11 億元 ÷1 億）。

(1) A 基金是「開放型」基金

有一投資人在基金開始募集時，以每單位淨值為 10 元申購 100 萬元，則可以買到 10 萬（100 萬元 ÷10 元）個單位數。

若該基金在發行一段時間後，當每單位淨值漲為 11 元時，之前購買的投資人申請贖回就可拿回 110 萬元（11 元 ×10 萬），共獲利 10

萬元；此時該基金單位數，因被贖回 10 萬個單位數，所以整個發行規模會減少。

若現在又有一投資人，在基金淨值為 11 元時，申購 100 萬元該檔基金，所以該投資人只能買到 90,909.09（100 萬元 ÷11 元）個單位數（畸零單位）；此時該基金單位數，因被申購增加 90,909.09 個單位數，所以整個發行規模會增加。

所以上述 A 基金，若為開放型基金，投資人就是利用基金當時的「淨值」申贖，發行規模不固定，且買賣的單位數有可能出現畸零單位。

(2) A 基金是「封閉型」基金

因募集 10 億元，且發行 1 億個單位數，所以發行時每單位淨值為 10 元（10 億元 ÷1 億）。因須掛牌上市，所以 1 億個單位數被分拆成每張受益憑證 1,000 單位數，共發行 10 萬張（1 億 ÷1,000）。此後該檔基金就有 10 萬張受益憑證在市場流通，不會再增加也不會再減少。

若該基金在發行一段間後，基金淨資產價值漲為 11 億元，所以每單位「淨值」漲為 11 元（11 億元 ÷1 億單位數）。若此時有投資人買賣此檔基金，必須依照市場流通的這 10 萬張受益憑證之「市價」進行交易。

理論上，封閉型基金「市價」和「淨值」會同方向漲跌，但市價漲跌之幅度取決於買賣雙方供需力道而定，所以兩者不一定會相等。若現在「淨值」為 11 元的基金，如果有人願意用「市價」11 元去買

賣這檔基金，表示該基金處於「平價」；如果有人願意用「市價」11.2 元去買賣這檔基金，表示該基金處於「溢價」；如果有人只願意用「市價」10.8 元去買賣這檔基金，表示該基金處於「折價」。

　　所以上述 A 基金，若為封閉型基金，投資人必須在股票市場以市價進行整數張數的買賣，且交易的「市價」不一定等於「淨值」，所以常有折溢價的情形發生。

　　若以上說明，投資人對封閉型基金的折溢價的問題仍不太清楚，以下本單元再利用一個生活案例補充說明：

假設有一座高爾夫球場，其土地與建物設備共有 1 億元的價值。球場老闆將這 1 億元價值的球場，發行一張 100 萬元會員證，共發行 100 張（100 萬 ×100 ＝ 1 億元）的球證，且之後不打算收回與新增任何一張球證。

經過一段時間後，由於球場附近開發了一條大馬路經過，使得球場土地增值 0.2 億元，讓整座球場價值變為 1.2 億元，此時無形間，每張原本「淨值」為 100 萬元的高球證，漲價變成每張「淨值」為 120 萬元（1.2 億元 ÷100 張）。

現在有一球友不想再打球，欲出售現在每張「淨值」為 120 萬元的球證。有一群興趣者聽聞，去該球場打球會常常遇到大明星，所以有人爭先恐後願意出「市價」200 萬元去購買那張球證，此時這張球證就「溢價」80 萬元了；另又有一聽聞，去該球場打球會常常遇到衰事，所以市場有人只願意出「市價」80 萬元去收購那張球證，此時這張球證就「折價」40 萬元了。

同理，封閉型基金的「淨值」，會因為基金投資績效優劣而有所增減，但要賣出或買進時，就要看當時投資人願意出多少「市價」去買賣，就會有折溢價的情形出現。

最後，由於國內的 ETF，也屬於封閉型基金的型式，都有淨值與市價兩種數據。因此投資人在進行買賣 ETF 時，必須注意折溢價的情形是否嚴重？因為 ETF 仍具開放型基金的特性，所以當折溢價幅度太大時，可能有人利用 ETF 進行申購贖回的機制，讓折溢價幅度縮小，那之前買折溢價過高的投資人，就有可能出現損失。

Unit 31 國內哪些管道可以買到開放型基金？
哪一個管道比較好？

前兩個專欄，我們已經說明過基金可分成「開放型」與「封閉型」這兩類。封閉型基金的買賣地點很單純，就是去證券公司，如同股票下單的買賣即可。但開放型基金的買賣地點，就有好幾種管道可以進行申購與贖回。

在國內若要投資開放型基金，投資人可透過三種管道去申購與贖回，分別為「投信公司（境外基金代理人）」、「代銷機構」與「代銷平台」，每個管道都有其特點。有關開放型基金的發行與交易架構圖，詳見圖3。

❶ 投信公司（境外基金代理人）：通常投資人欲交易境內（境外）基金，可以直接找投信公司（境外基金代理人），進行申購與贖回。通常此管道投資人只能針對投信公司（境外基金代理人），所發行（代理）的基金進行交易，所以可買賣的基金種類較少。

❷ 代銷機構：基金代銷機構乃被委任為代理銷售基金的機構，在國內通常是以銀行（含郵局）、證券商、投顧公司為主。通常代銷機構會跟多家境內及境外基金的發行機構簽約，所以投資人在此管道買賣的基金較多元，且都會有專人幫你解說服務。

❸ **代銷平台**：金管會為了基金銷售通路，不用侷限在代銷機構，於是成立「基金銷售平台[8]」－基富通證券。因此境內及境外基金的發行機構，只要跟國內的「集中保管結算所」簽約後，就可以將基金放到「基金銷售平台」上架銷售。此管道將提供基金發行機構，更多元的銷售通路，不再受代銷機構的牽制，且可利用理財機器人協助投資人進行投資。

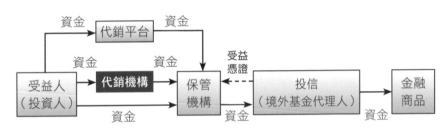

圖 3　開放型基金的發行與交易架構圖

表 13　開放型基金各種銷售機構之比較

銷售單位	投信（境外基金代理人）	代銷機構（銀行、證券商、投顧公司）	代銷平台（基富通、鉅亨網、中租平台）
手續費	低	高	低
基金種類	少	多	多
特色	銷售自家發行或代理的基金為主	搭配理財專員的解說	可利用理財機器人輔助

8　國內現今的基金代銷平台，除了「基富通證券」外，尚有兩家民間以投資顧問公司名義所成立的平台，分別為「聚亨基金平台」與「中租全民基金平台」。

　　基本上，開放型基金可以是長期布局，也可短線進出，亦可單筆投資，並可選擇定期定額操作，所以是一項「淡妝濃抹總相宜」的商品。投資人可依據自己的需求，在上述各具特色的三種管道，挑選合適的基金，來進行投資。

Unit 32　為什麼定期定額買基金，最好選擇波動大的基金進行投資？

　　長久以來，定期定額是投資基金常常使用的方法之一。由於它定期（通常每個月）會自動幫投資人申購基金，所以買進時間點分散，可降低投資風險，因此較適合中長期投資人的需求。

　　利用此方法進行投資，進場時點就比較沒有那麼重要，但要選擇一檔合適或優質的基金就顯得相對重要。通常投資人會選擇具有上漲潛力或以往投資報酬率不錯的基金當作標的，但其實，**基金的波動性（風險值）對於定期定額投資來說，也是一大重點**。

　　因為同樣兩檔投資報酬率相同的基金，但由於波動性不一樣，其定期定額投資一段期間後，兩者的投資報酬確實也會有所差異。一般常聽到要選擇波動較大的基金，來進行定期額投資較合適，確實如此嗎？以下本專欄利用兩檔報酬率相當，但波動性不一樣的基金，承作定期定額一段時期後，其績效表現的差異來說明之。

　　本專欄於 2021 年 6 月，於「投信投顧公會」網站所公布的「晨星」（Morning Star）基金績效 5 月份的資料中，篩選出兩檔，三年期報酬率相當，但標準差（波動性）具有差異的基金進行比較。

　　由表 14 可以得知：波動較大與較小的基金，分別為「復華中小精選」、「保德信新世紀」，這兩檔基金的三年期報酬率大約相當都在

41% 左右，但兩者的三年期波動性就有比較差異，分別為 27.28% 與 18.22%。

表 14　兩檔波動不一的基金之比較

波動性	基金名	三年總報酬率	三年年化標準差
波動大的基金	復華中小精選	41.75%	27.28%
波動小的基金	保德信新世紀	41.46%	18.22%

資料來源：晨星基金績效（2021/05）

再來我們將這兩檔基金，往前三年（2018/05）開始承作定期定額，並每半年檢測一次績效報酬，共檢測 6 次。由下表 15 得知：波動性較大的「復華中小精選」，其報酬率介於 -13.09%~49.54% 之間；波動性較小的「保德信新世紀」，其報酬率介於 -6.20%~34.00% 之間。顯然波動性較大的基金其報酬率的變化幅度，也較波動性較小的基金來得大。

表 15　兩檔波動不一的基金承作定期定額之後績效比較表

時期	2018/11	2019/05	2019/11	2020/05	2020/11	2021/05
定期定額期間	半年	1 年	1 年半	2 年	2 年半	3 年
復華中小精選	-13.09%	-6.84%	1.94%	0.58%	33.17%	49.54%
保德信新世紀	-6.20%	0.90%	4.18%	-1.35%	11.34%	34.00%

若投資人進行定期定額時，選擇波動性較大的「復華中小精選」基金，或波動性較小的「保德信新世紀」基金，雖然在不同時點贖回的績效表現，呈現優劣互見。但若以整體投資效益來看，投資波動性較大的基金相對於波動性較小的基金，可能會出現較大的負報酬，但也可能出現較大的正報酬。所以投資人仍應選擇波動性較大的基金，並於合適的時點贖回，才是定期定額的投資要訣。

　　因此，定期定額投資基金，若要有較大的獲利空間，除了必須去選擇波動較大的基金（如：中小型或科技類型的基金）之外，也可去波動較大的市場（如：新興市場）挑選基金，只要選擇合適的時點贖回，應可讓投資人獲得較高的正報酬。

為什麼低價股，大家去瘋搶後，股票會強彈大漲，但淨值低的「開放型基金」卻無法？這是為什麼？

　　每當某檔股票，可能因某些因素，股價突然暴跌或低於合理價格過多，甚至跌至剩雞蛋水餃股的價位，此時可能會有投資人進場買股，想去搶跌深反彈的獲利機會。這種短期間內，大舉資金進場買跌深反彈股或低價股，可能會帶來股價強彈，投資人因而獲利。

　　但如果這是一檔「**開放型基金**」，也是近期淨值跌得很多甚至很低，此時投資人若想大舉資金投入，看是否能如同買低價股般，讓基金反彈，以賺取價差？若你有如此想法，可能會事與願違了？

　　若某檔「開放型基金」淨值暴跌或淨值價格很低，此時大量資金投入該檔基金，是將資金交給經理人去操作；若基金淨值低落是經理人操作失當所引起，再將大量資金交給經理人操作，操作績效並不會因此好轉，所以可能無濟於事。除非那檔基金所投資的市場，短期遇到非理性情形所引起的暴跌，那此時投資偏離合理價格的基金，才具獲利機會。

　　所以我們在投資「開放型基金」時，常認為去買淨值比較低的基金，將來的獲利空間會較大，這是一個錯誤的迷失。因為它之所以淨值低，可能很大的原因是來自於基金本身的操作問題，我們再多的資金挹入此檔基金，它也不會因操作而變好。反而我們應該去購買因基金經理人優異的操作，所產生的高淨值基金，才有繼續獲利的契機吧！

Unit 34　若投資得獎基金，那它之後的表現仍會繼續保持名列前茅嗎？

　　相信很多投資人在購買基金時，常常不知道到底要買哪一檔才好？若有銀行理專或其他專業人士幫你介紹，投資人大概就跟著買了。但也有不乏自行參閱各種財經資訊，以尋找投資標的的投資者，它們可能就會去注意每年各機構舉辦的得獎基金名單，選擇並購買適合自己的基金。

　　相信應該許多投資人都有買過得獎基金，但那這些得獎基金，在得獎之後，它們的表現還能如以往那般「木秀於林」嗎？還是只有「曇花一現」而已啊？

　　現今國內每年對基金評選並頒發獎項的機構為數者眾，本專欄將以在國內舉辦最悠久的傑出基金「金鑽獎」所獲獎的基金為代表。「金鑽獎」乃由我國台北金融研究發展基金會，於 1998 年開始評選並針對各類型基金之一年、三年、五年及十年期頒發表現傑出的得獎基金。

　　一般人投資基金，大概會以中長期的績效為主。所以本專欄的實證對象將以五年與十年期得獎基金為主，但由於十年期的標的常從缺，樣本過少，故本專欄將以五年期獲獎基金為主要探討對象。

由於每年度獲獎基金皆以結算至前一年度的績效為主，因此本專欄之實證也將以前一年度為基準，分別探究得獎前後的績效表現。例如：2016 年得獎的五年期基金，乃是 2011 年至 2015 年，這五年表現最優的基金，那我們再探討它後五年，乃 2016 年至 2020 年的表現，是否如以往那般傑出呢？

本專欄將以 1998 年（第 1 屆）至 2016 年（第 19 屆），在「一般類型」基金中曾經得過五年期「金鑽獎」的基金為探討標的。由表 16 得知：得獎基金之五年後的績效與同類型基金相比較，真的差異很大，有的還能名列前茅，有些居然是吊車尾。但整體平均而言：五年期的「金鑽獎」基金，在得獎後五年的績效排名位於同類型的 52.82%，大致居中。

本實證結果或許可讓我們知道：以前表現很傑出的基金，不代表以後就能繼續保持那般優異的成績。所以真的讓我們有那種「小時了了，大未必佳」的感受。一般來說：得獎前後，若績效表現差異太大的基金，推究其主要原因，可能是那基金更換了經理人或研究團隊，才可能出現那麼大的落差。

但本實證結果僅針對某類型（一般類型）的基金作比較，並無針對其它，如：科技類、中小類與店頭類型進行比較，因此實證結果並無法代表所有得獎基金都會呈現如此情形，所以請讀者欲投資時，自行斟酌判斷之。

表 16　一般類型五年期金鑽獎基金之五年後績效排名情形

年份（屆數）	五年期金鑽獎 得獎基金	得獎前一度之 後五年績效	五年 績效 排名	所有 基金 檔數	排名 比例
1998 年（第 1 屆）	【從缺】	NA	NA	NA	NA
1999 年（第 2 屆）	建弘雙福	-30.37%	54	60	90.00%
2000 年（第 3 屆）	保德信高成長	-11.96%	16	69	23.19%
2001 年（第 4 屆）	保德信高成長	96.59%	19	79	24.05%
2002 年（第 5 屆）	群益馬拉松	78.64%	23	81	28.40%
2003 年（第 6 屆）	新光台灣富貴	65.44%	75	83	90.36%
2004 年（第 7 屆）	新光國家建設	-30.88%	76	78	97.44%
2005 年（第 8 屆）	統一統信	17.40%	72	76	94.74%
2006 年（第 9 屆）	日盛上選	7.67%	62	77	80.52%
2007 年（第 10 屆）	日盛精選五虎	0.39%	20	76	26.32%
2008 年（第 11 屆）	元大多福	-12.36%	47	79	59.49%
2009 年（第 12 屆）	元大新主流	38.95%	77	82	93.90%
2010 年（第 13 屆）	元大 2001	16.39%	50	77	64.94%
2011 年（第 14 屆）	統一大滿貫	27.68%	24	77	31.17%
	永豐永豐	-5.89%	64	77	83.12%
2012 年（第 15 屆）	統一大滿貫	45.93%	45	78	57.69%
	永豐永豐	15.93%	76	78	97.44%
2013 年（第 16 屆）	【從缺】	NA	NA	NA	NA
2014 年（第 17 屆）	安聯台灣大壩	89.18%	1	75	1.33%
	統一大滿貫	31.23%	28	75	37.33%
2015 年（第 18 屆）	安聯台灣大壩	151.04%	2	72	2.78%
2016 年（第 19 屆）	貝萊德寶利	131.67%	16	72	22.22%
	安聯台灣大壩	216.10%	2	72	2.78%
平均					52.82%

註：有些得獎基金名稱已更名，本表所呈現之基金名皆已更名後為代表。

資料來源：台北金融研究發展基金會與 TEJ 資料庫

有些標榜配息可能來自本金的高收益債券型基金,可以投資嗎?
為何利用「南非幣避險」的高收債配息率比較高?

由於台幣利息低得可憐,使得標榜高配息的高收益債券型基金,廣受國人的青睞。但這些標榜高配息的基金,其配息的資金有可能來自本金,那這樣的高收益債券型基金可以投資嗎?在這其中,還有一種利用「南非幣避險」的配息率,為何又比較高呢?

高收益債券型基金,其投資標的是以不具投資等級[9]的債券(或稱垃圾債券)為主,所以它的報酬率會較一般的債券型基金來得高些。由於國人酷愛月配息的基金商品,所以具有高配息的高收益債券型基金,一直是市場的熱門商品。

有些標榜高配息的高收益債券型基金,為了要維持高配息的吸引力,所以它必須從你原來投資的本金挖一點過來補上,也就是基金的淨值可能會減少一點。那我們在投資時,應該看的是總報酬率,若要維持高配息率會讓資本利得報酬率(淨值減少)有些損傷,但總報酬率仍為正,就無妨。

9　通常不具投資等級的債券,在國際知名信用評等公司標準普爾的規定乃在 BBB- 以下。

但投資高收益債券型基金比較高的風險，是來自於它持有的垃圾債券，因債信的問題，會讓它產生較高的「利率風險」與「違約風險」，因此導致基金的淨值變動也會較大。而這個因素的變動讓淨值減少所產生的損失，可能會大於本身為了維持高配息，而讓淨值稍微減少的損失，還要嚴重。這兩個風險，投資人在進行投資前，必須要有所明瞭。

　　通常這些高收益債券型基金所持有的債券，當股市或經濟衰退時，雖然資金會移轉至債市，會讓債券價格上漲，但因它持有的債券信用評級較差，反而不受市場青睞，因此債券價格還可能下跌，使得整個基金淨值因而下降。所以這種高收益債券型基金的淨值走勢，反而跟股市的走勢有些同步，這是投資人必須有的認知。

　　另外，在高收益債券型基金中，還有一種利用「**南非幣避險**」的投資方式，其配息更高，也引起許多投資人趨之若鶩。那它到底有何魅力？難道沒風險嗎？

　　由於國內所販售的高收益債券型基金都是國外發行，國際上的投資，仍以美元為主，所以我們在購買它時，選擇不同的「計價幣別」，我們必須注意那種計價幣別與美元的匯差損益。例如：選擇「計價幣別」為台幣，那你必須注意美元與台幣的匯差；選擇「計價幣別」為美元，則那檔基金損益直接用美元計算，就先不用管美元變動，但若你將來想將美元換回台幣使用，仍必須注意兩幣匯差。

　　在高收益債券型基金中，除了上述說明有不同計價幣別，供投資人選擇外，還多了一種「避險幣別」的選擇。若投資人選擇某種「避

險幣別」的基金，也就是利用那種「避險幣別」當作「計價幣別」，但損益會增加「**避險幣別與投資幣別的利率差**」。

之前提過，國際上的投資幣別都以美元為主，一般而言，南非幣的存款利率相對美元高，所以利用南非幣來當「避險幣別」的高收益債基金，其配息可能會比不選南非幣的更高，其原因說明如下：

> 例如：若投資人購買以南非幣為「避險幣別」的高收益債券型基金，若基金的收益率為美元 3%。因你選擇南非幣為「避險幣別」，所以基金公司須將你的台幣換成南非幣，再將南非幣存入假設利息 4% 的帳戶內，並再借出假設利息為 2% 的美元，去幫你投資美元計價的高收益債券型基金。因為南非幣的存款利率較美元借款利率高 2%，所以你這筆以南非幣為「避險幣別」的投資，可以多得 2% 的美元與南非幣利率差。

承上述，此筆投資，你須承擔南非幣的貶值風險。若你投資這段期間南非幣相對台幣貶值 1%，則此投資報酬率乃將「基金收益＋匯差收益＋利差收益」加總而得為 4%（3%-1%+2%）。若你單純只選擇美元為計價幣別，只會得到基金收益 3%，這樣你選擇以南非幣為「避險幣別」就會高出 1%。但若南非幣相對台幣的貶值幅度高於南非幣與美元利差時，那你的收益還是會比以前差。

因此以南非幣為「避險幣別」的高收益債券型基金損益，除了「**債券型基金本身的資本利得損益**」與「**台幣與南非幣的匯差**」外，還會再加上基金進行避險時，會有「存南非幣再借出美元」，然後「再拿美元去投資債券」的情況；因兩種幣別利率不一樣，此時會多一筆「**南非幣存款與美元借款的利率差損益**」。

講到這裡，有時我們在進行一筆高收益債券基金投資時，其實它的損益報酬的計算確實有點複雜，真讓你有一種「不識投資真面目，只緣身在投資中」的感覺。但一般投資人可能不一定知道基金單位，怎麼去運作你的資金，但我們必須知道會面臨那些風險，這樣才能讓我們進退有據。

常聽到貨幣市場基金的年化報酬率幾 %，它是如何算出來的？

　　每當投資人欲在基金市場裡，尋找固定收益且又兼具安全的商品，首先會想到「債券型基金」，但債券型基金所投資的債券，雖然有固定收益可以拿，但其所投資的債券，仍然會受市場利率的變動而有淨值損益的問題，所以應稱不上是安全的商品。

　　在基金市場裡，唯一可讓投資人幾乎不會有淨值損失的商品就是「貨幣市場基金」，但應有許多人對它比較陌生，主因是它的報酬確實不是很高，大概可以優於銀行活存但比定存低。因此除非是非常保守的投資人或資金大戶，其他類型的投資人應對它會興趣缺缺吧！

　　所謂的「**貨幣市場基金**」（Money Market Mutual Fund）的主要投資標的物，是以後專欄會介紹到的一些短期的固定收益證券商品。例如：商業本票、承兌匯票、國庫券、銀行可轉讓定期存單、短天期（一年期以下）債券、債券附買回（RP）與銀行的存款等。根據國內的規定，貨幣市場基金須將資產的 70% 以上，投入於銀行存款、短期票券及附買回交易等商品上面。

　　通常「貨幣市場基金」會將它所投資的商品，所收到的利息收益換算成穩定的「資本利得」給投資人，也就是說這種基金的淨值會逐日增加。當投資人要去申購貨幣市場基金時，銷售單位常會告知你，此檔基金的「年化報酬率」是多少？

那這個「年化報酬率」是如何算出來的,確實有許多人搞不太清楚,本專欄將舉兩檔基金說明之。如下表 17 所示:「群益安穩貨幣市場基金」與「野村精選貨幣市場基金」,在 2021/07/06 都比前一日淨值增加 0.0001 元,若換算成「日報酬率」與「年化報酬率[10]」計算如下:

◎ 群益安穩貨幣市場基金

$$日報酬率 = \frac{16.2828 - 16.2827}{16.2827} = 0.000614149\%$$

$$年化報酬 = (1 + 0.000614149\%)^{365} - 1 = 0.2244\%$$

◎ 野村精選貨幣市場基金

$$日報酬率 = \frac{12.1681 - 12.1680}{12.1680} = 0.000821828\%$$

$$年化報酬 = (1 + 0.000821828\%)^{365} - 1 = 0.3004\%$$

表 17　兩檔貨幣市場基金的狀況表

	群益安穩貨幣市場基金	野村精選貨幣市場基金
2021/07/05 淨值	16.2827	12.1680
2021/07/06 淨值	16.2828	12.1681
淨值增減	+0.0001	+0.0001
日報酬率	0.000614149%	0.000821828%
年化報酬率	0.2244%	0.3004%

10 通常「年化報酬率」的計算乃將「日報酬率」採日複利計算而得。

　　以上你如果覺得這種看似「不顯山，不露水」，每年報酬率頂多才 0.3% 的貨幣市場基金，應該不會有太多人持有吧？那你就錯了！人家可是「天生我材必有用」耶！根據 2021 年 5 月投信投顧公會的資料顯示：國內貨幣市場基金有超過 1 兆資金的規模，佔整體基金的 21% 以上，它還比股票型基金的整體規模還要大呢。

　　因為我們一般的投資人，若擁有 100 萬的資金，大都要「汲汲營營，勞心傷神」的在股海裡奮戰，看看是否能有 100% 回報率，讓錢多賺個 100 萬回來。但若一個擁有 3 億資金的大戶，去買這種報酬約 0.3% 的基金，他「羽扇綸巾，談笑間」，毫不費力的就可收回近 100 萬的報酬，而且還不用被課稅，並可隨時申購贖回，所以對資金大戶來說，就是一項很便利安全的理財工具。

Unit 37　有聽說過基金中的基金嗎？

乍聽「**基金中的基金**」（Fund of Fund）這名詞，感覺很新奇。其實，這類的基金，在國內的另一個名稱「組合型基金」。這種基金跟其他種基金有何差別？

一般類型的基金，是將資金直接投資於各類的金融商品，如：股票、債券、票券、期貨與選擇權⋯⋯等。但組合型基金是將資金直接投資於數種不同類型的基金，其包括：股票型、債券型、平衡型、指數型、ETF⋯⋯等，所以才稱為「基金中的基金」。

台灣最早有組合型基金的身影出現，乃於 1998 年由富邦投信從國外引進的「豪斯曼基金」，以及國外富達投信所推出的「富達全球精選基金」。直至 2003 年，元大投信才推出本土的首檔組合型基金－「元大精華組合基金」。

通常此類型基金在運作上，比較大的問題是，若投信公司募集一檔「組合型基金」後，那理論上，經理人為了有好的績效，他必須去市場買優質的基金，但那些優質的基金可能是別家投信發行的，你又要把好不容易募到錢轉給別家投信，當然在商業競爭上，就會有「同行相忌」的問題。若你只想把募到的錢，買自家投信所發行的其他基金，又會讓人覺得有「雞腸鳥肚」的自利行為。

　　根據 2021 年 5 月投信投顧網站所公布的資料，國內共有 84 檔組合型基金，只有其中 1 檔是投資在國內的基金上，其餘 83 檔都是去買國外的基金。因此，此類基金確實需要在國外的基金市場裡，較為容易找到合適的標的物，也比較可以迴避同行的競利與自利的情形。

　　另外一提的是，國內現有一種類似「組合型基金」的產品，也是基金去買基金，但買的基金是 ETF，所以又稱為「ETF 連結基金」。那種基金可能就是買少數幾檔 ETF，所以基金績效就會與 ETF 的績效有比較密切的連結。

　　以上介紹，希望能對投資人，在這琳瑯滿目的基金市場裡，對此類基金與其相關知識的建構，盡點「添磚加瓦」之力。

Unit 38　常聽到「目標日期基金」？那是什麼？還有哪些「目標」類型的相關基金呢？

前陣子，由國內金管會主導，並由基金銷售平台－基富通推出，以退休準備為主要投資目的之專案——「好享退」。「好享退」方案的 9 檔基金標的中，有種稱為「目標日期基金」一直都表現得很亮眼，也帶動「目標」類型基金，在台灣開始風行。那這些目標類型基金到底有何差異呢？

1. **目標日期基金**：乃以投資人的退休時間，進行資產（股票與債券）配置的基金，讓投資組合風險隨著愈接近目標（退休）日期而慢慢調降。通常此類基金具到期日，投資人依據自己的退休規劃，可以選擇 5~10 年（保守型）、10~20 年（穩健型）、20~30 年（積極型）後到期的目標日期基金進行投資。

   例如：現在是 2021 年，若投資人預計 30 年後退休，可選擇一個「2051 年日標日期基金」。此基金具到期尚有 30 年，所以此基金在初期時，會較積極布局在高風險的股票投資上，但隨著時間的推移，愈接近到期日，會將股票的部位逐漸降低，並轉移至債券上，使得讓整個投資組合風險，隨時間下降。

2. **目標到期債券基金**：乃是一個具到期日的債券型基金，基金所持有的債券期限不得超過基金的到期日。此基金隨著債券

持有到期，愈接近到期日，債券價格的波動性也會下降，因此基金的風險，亦隨時間的消逝而降低。

例如：若投資人選擇一個 10 年到期的目標到期債券基金，持有期間可領到債券的利息外，基金的價格變動風險，也會隨著債券紛紛到期而下降。基金到期時，債券皆以票面贖回，然後再將資金退還投資人。

3. **目標風險基金**：此基金的特色為在基金成立時，便預先設定預期的操作風險，在基金期限內，都會維持在某一風險內進行操作。通常基金公司會成立一系列不同目標風險水準的基金，供投資人選擇，基金名稱也多以「積極型」、「穩健型」、「保守型」加以命名。通常投資人依據本身的風險偏好，選擇適合自己的目標風險基金。

例如：投資人選擇「積極型」的目標風險基金，則該檔基金將大部分的資金配置在股票，少部分在債券，而且風險並不會隨著時間而所有變動，投資人可以選擇任何時點贖回，並無到期日。

4. **目標報酬基金**：乃基金成立時，就預設某一特定報酬為目標，經理人並依此目標，選擇適合的商品進行投資。該基金的投資商品較多元，且可利用多空策略，所以常會操作衍生性金融商品，來達成預設目標。

例如：投資人選擇「定存利率 +5%」為目標的目標報酬基金，則經理人為達目標，需要利用槓桿操作或投資各種衍生性商品，所以投資人可能面臨較高風險。而且此類基金所提供的目標報酬率，並不一定可以真正達成。

表18　四種目標型基金之比較表

基金類型	目標日期基金	目標到期債券基金	目標風險基金	目標報酬基金
到期日	有	有	無	無
風險屬性	隨時間下降	低且隨時間下降	不隨時間改變	高
投資標的	股票、債券	債券	股票、債券	股票、債券、衍生性商品
適合族群	適合不同期間退休者	適合風險承受度較低者	適用於各種理財目標者	適合追求特定報酬者

　　以上所介紹的這四類目標類型基金，投資人必須知道其風險屬性，再依據市場的變化與本身的投資需求，選擇適合自己的投資標的，以達效率理財。

Unit 39　常聽到「避險基金」到處興風作浪，它的風險很低嗎？

　　常在財經資訊網站裡，有時會聽到避險基金的種種，不同於一般基金的投資風格，讓我們一般的投資人覺得它帶有神祕且又高不可攀的特質。它應該不是我們小額投資人的菜才對，那它到底是何方神聖呢？

> **避險基金**（Hedge Funds），又稱「對沖基金」，或稱「套利基金」（Arbitrage Funds）。通常一般民眾容易被「避險」表面上的字義所誤解，認為該基金主要是為投資人規避風險所設的基金。其實不然，實質上，它是一種積極型的投資性基金，且風險與報酬均相較一般基金高。

　　早期，所成立的避險基金，其運用了**兩個投機工具**－「**放空**」和「**財務槓桿**」；其操作手法乃利用財務槓桿融資買進一籃子股票，再放空另一籃子股票，以規避市場風險（系統風險），並獲取套利價差。但隨著金融商品的多元與程式交易的運用，現代的避險基金的操作手法已經沒有受到一定的限制，可從事各投機性與策略性操作，且多以「私募基金」的型式出現。

　　因現在的避險基金幾乎與「私募基金」畫上等號，因此它的募集對象就主要集中在資金雄厚的專業人士，並不是我們一般市井小民可

以接觸得到的商品。由於採私募的關係,它不必如同一般基金必須定期公布投資績效與標的物資訊,因此它可進行較隱蔽的投資,以滿足特定人士的需求。

近年來,這些私募的避險基金,由於挾帶巨額且較不受投資限制的資金,常在市場到處興風作浪,進行各種投機性投資;甚至收購處於瀕於破產的公司,將之重整後再重新上市或出售,以獲取高額暴利,所以在市場也被稱為「**禿鷹基金**」(Vulture Funds)。

基本上,避險基金是屬於一種「談笑有鴻儒,往來無白丁」的特殊基金,並不是我們一般小額投資人可以認購的,但我們仍然要對它有基本的瞭解。

到底「指數證券型基金（ETF）」與「指數型基金」有何不同？

　　國內隨著「**指數證券型基金**」（Exchange Traded Fund；ETF）的蓬勃發展，讓追蹤指數的其他相關基金，也開始受到投資人的關注，其中有一種「**指數型基金**」（Index Fund）與 ETF 很相似，那兩者到底有何不同？

　　指數證券型基金（**ETF**）與指數型基金，這兩者唯一相同都是以追蹤市場某些指數報酬為目標，所發行的受益憑證，所以都是屬於被動式管理型的基金，並不以擊敗指數報酬為目的。

　　這兩種基金最大的不同點，在於 ETF 是以「封閉型基金」名義於股票市場掛牌交易，所以必須以市價進行買賣；但 ETF 又提供投資人類似「開放型基金」，可隨時進行實物或現金「申購與贖回」機制，並亦可如同股票交易一般的「信用交易」。所以 **ETF** 是一種兼具「封閉型基金」、「開放型基金」與「股票」特質的指數證券化金融商品。但指數型基金卻只是單純的為「開放型基金」，必須以淨值進行申購與贖回。

　　此外，這兩種基金的另一種可能不同點為：指數型基金必須持有欲追蹤指數的標的證券，但 ETF 則不一定。若為現貨型的 ETF，它會如同指數型基金一樣，須持有欲追蹤指數的標的證券；若為合成型

的 ETF，它可利用其他相關商品（如：期貨、ETF……等）來追蹤指數，不一定需要持有追蹤指數的標的證券。

所以這兩種基金都是在追蹤指數報酬，但在基金型式、交易方式、信用交易與持有標的證券等方面，仍有許多的差異。以上介紹，讓投資人對兩種基金的異同，有初步的認知。

表 19　指數證券型基金與指數型基金之比較

	指數證券型基金（ETF）	指數型基金
基金型式	封閉型兼開放型基金	開放型基金
交易方式	依市價買賣	依淨值買賣
信用交易	可	否
持有標的證券	不一定須要	必須

Unit 41　聽說利用 ETF 可以套利，那該如何進行？

上一單元提到 ETF 提供投資人類似開放型基金，可隨時進行實物或現金「申購與贖回」機制，且亦可如同股票交易一般的「信用交易」機制。所以上述這兩種機制最大的目的，就是要解決同屬封閉型基金型式的 ETF，所可能產生的折溢價情形。

但若 ETF 出現較大的折溢價幅度時，投資人可藉由實物或現金「申購與贖回」機制，以及可進行「信用交易」機制，來進行套利。以下說明「現貨型 ETF」的實物申購與贖回的運作流程，以及有關實物申購與贖回的架構圖，如圖 4 所示。

當 ETF 市價高於淨值時，投資人可以買進一籃子股票，並同時賣出（放空）ETF，並將其所持有之一籃子股票向投信申請「實物申購」ETF，以因應同日賣出 ETF 之交割，藉此套取價差。此「實物申購」的動作，因投資人賣出 ETF，會讓 ETF 的市價跌至與淨值相近，溢價幅度會逐漸收斂。

相反的，**當 ETF 淨值高於市價時**，投資人可以買進 ETF，並同時賣出（放空）一籃子股票，並以買進的 ETF 向投信申請「實物贖回」，以因應賣出一籃子股票的交割，藉此套取價差。此「實物贖回」的動作，因投資人買進 ETF，會讓 ETF 的市價漲至與淨值相近，折價幅度會逐漸收斂。

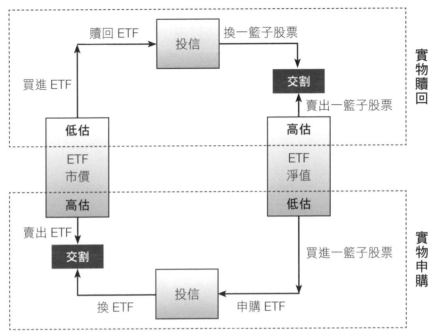

圖 4　ETF 的實物申購與贖回的架構圖

上述的套利過程中，通常會在兩個地方，出現運作上的限制。

❶ 在實物贖回方面，投資人若要賣出（放空）一籃子股票時，有些股票已達融券上限時，投資人並無法運作此動作。

❷ 在實物申購方面，投資人若要申購 ETF 時，投信單位可能也有申購 ETF 額度的限制，投資人也將法運作此動作。

因此這兩項限制是投資人在進行套利時，所必須認知的困難處。

國人愛投資台灣 50ETF，它的績效真的優於大部分的同類型基金嗎？

國內自從 2003 年 ETF 誕生以來，這種採被動式管理，單純追縱指數的基金，逐漸被投資人瞭解後，整個 ETF 市場就有如脫韁野馬般呈現爆炸性的成長。近期，2019 年是國內被動式 ETF 發行的最高峰，發行規模居然已佔全體基金發行量的 41.7%，也就是國人投資基金的資金有超過 4 成都去買 ETF，可見國人對 ETF 多麼熱衷啊！

講到 ETF，當然第一個就會想到元大台灣 50ETF（0050），該基金的標的物為台灣市值前 50 大的股票，其代表著大型權值股的績效表現。長久以來，它一直是市場的焦點，也有眾多投資達人都在報章雜誌與財經網絡上，鼓吹只要買這檔 ETF 就可安心理財，不僅每年配息且績效也是有目共睹，所以讓它擁有很多的粉絲。

既然國內投資人那麼偏愛被動式管理的 ETF，那同類型採主動式管理的基金經理人一定很吃味，難道他們的操作績效就不如 ETF 嗎？現在本專欄就將台灣 50ETF 與跟它同質的開放型中的一般型基金進行績效比較，以讓讀者明瞭 ETF 的績效表現如何？

以下我們實證的三個表中，分別呈現台灣 50 ETF 與一般型基金的一、三與五年期的績效表現之比較，以讓讀者知悉 ETF 在相對

短、中、長期的績效排名落在何處,並仿知名基金評等公司「晨星」
(Morning Star)的星等評級[11],讓 ETF 能清楚呈現它被投資的等級
評價。

> 我們從這三個實證表 20~22 得知:台灣 50ETF 在一、三與五年期
> 的績效平均排名都落在所有一般型基金的 41%~42% 上下,也就
> 是說它的績效跟同質的基金比較約可贏六成的基金,但仍然有四
> 成的基金比他強,它的平均星等評級也都是 3 顆星。

　　所以嚴格來說,台灣 50ETF 的績效表現與同類型基金相比較,其
實差強人意,雖然不是「木秀於林」,但比下仍「游刃有餘」。若你投
資了它,不會感覺到它有「有高處不勝寒」的孤傲,也不會有「食之
無味棄之可惜」的無奈,它就是這樣樸實無華,平易近人。所以台灣
50ETF 才能結交到很多好朋友,受到許多投資人的青睞,這也正是被
動式指數投資的魅力所在。

---

11 「晨星」的星等評級,乃將單一基金與相同組別基金進行比較。評級結果由
最高 5 顆星到最低 1 顆星,所獲得的星等評級也愈高。通常同組別內,得分
最高的前 10%,可獲得 5 顆星評級;之後 22.5%,可獲得 4 顆星評級;再之後
35%,可獲得 3 顆星評級;再之後 22.5%,可獲得 2 顆星評級;最後的 10%,
則僅獲得 1 顆星評級。

表 20　台灣 50 ETF 與一般型基金的一年期績效比較

年份	台灣 50ETF 一年報酬率	台灣 50ETF 排名	一般型基金 總檔數	台灣 50ETF 排名比例	仿晨星基金 星等評級
2004 年	5.62%	25	100	25.00%	4
2005 年	9.48%	84	96	87.50%	2
2006 年	20.49%	35	95	36.84%	3
2007 年	10.74%	46	91	50.55%	3
2008 年	-43.25%	31	91	34.07%	3
2009 年	74.78%	40	93	43.01%	3
2010 年	12.67%	19	96	19.79%	4
2011 年	-15.70%	19	97	19.59%	4
2012 年	11.72%	59	96	61.46%	3
2013 年	11.62%	74	93	79.57%	2
2014 年	16.52%	4	84	4.76%	5
2015 年	-6.13%	64	80	80.00%	2
2016 年	19.59%	1	78	1.28%	5
2017 年	17.76%	58	77	75.32%	2
2018 年	-4.56%	16	78	20.51%	4
2019 年	32.38%	44	83	53.01%	3
2020 年	32.28%	23	89	25.84%	4
平均				42.24%	3

資料來源：整理自台灣證交所與 TEJ 資料庫

表 21　台灣 50 ETF 與一般型基金的三年期績效比較

年份	台灣 50ETF 三年報酬率	台灣 50ETF 排名	一般型基金 總檔數	台灣 50ETF 排名比例	仿晨星基金 星等評級
2006 年	38.50%	71	90	78.89%	2
2007 年	43.92%	75	86	87.21%	2
2008 年	-19.28%	17	82	20.73%	4
2009 年	7.27%	39	81	48.15%	3
2010 年	8.38%	23	85	27.06%	4
2011 年	67.20%	20	89	22.47%	4
2012 年	5.93%	23	88	26.14%	4
2013 年	3.99%	51	89	57.30%	3
2014 年	43.75%	40	84	47.62%	3
2015 年	22.03%	42	80	52.50%	3
2016 年	29.81%	7	79	8.86%	5
2017 年	30.74%	43	77	55.84%	3
2018 年	34.40%	12	76	15.79%	4
2019 年	46.59%	40	73	54.79%	3
2020 年	63.30%	16	75	21.33%	4
平均				41.65%	3

資料來源：整理自台灣證交所與 TEJ 資料庫

表 22　台灣 50 ETF 與一般型基金的五年期績效比較

年份	台灣 50ETF 五年報酬率	台灣 50ETF 排名	一般型基金 總檔數	台灣 50ETF 排名比例	仿晨星基金 星等評級
2008 年	-5.88%	48	79	60.76%	3
2009 年	39.79%	65	77	84.42%	2
2010 年	42.63%	27	78	34.62%	3
2011 年	2.96%	19	77	24.68%	4
2012 年	2.20%	20	80	25.00%	4
2013 年	103.99%	37	83	44.58%	3
2014 年	34.19%	27	78	34.62%	3
2015 年	13.11%	37	78	47.44%	3
2016 年	59.41%	32	79	40.51%	3
2017 年	67.84%	39	77	50.65%	3
2018 年	45.14%	15	76	19.74%	4
2019 年	61.71%	29	73	39.73%	3
2020 年	126.17%	20	73	27.40%	4
平均				41.09%	3

資料來源：整理自台灣證交所與 TEJ 資料庫

什麼是 Smart Beta ETF？
跟一般的 ETF 有何差異？

國內 ETF 市場在發展一陣子後，除了發行許多槓桿型與反向型的 ETF，以滿足特定人的需求外，也發行一種具備主動式管理策略的智慧型（Smart Beta）ETF，讓投資人有更多元的選擇。那什麼是 Smart Beta ETF？跟一般的 ETF 有何差異？

一般的的 ETF 是採取被動式管理策略，基金經理人依據原來要追蹤的指數內成分股，按其「權重」的高低，進行操作調整。因此操作策略與交易資訊較為簡單透明。

但 Smart Beta ETF 的基金經理人的選股，仍依據所要追蹤的指數內成分股，但其配股並不完全採取權重，而是採取「機動」調整。因此操作策略較為靈活，但交易的資訊就會較不透明。

Smart Beta ETF 會在追蹤的成分股中，給予現在較具題材性、潛力性、成長性或波動性……等特質的成分股較高的權重，以採取較機動性的選股策略，所以才會被稱為智慧型 ETF。

例如：台灣 50ETF 的操作策略，乃依台灣前 50 大個股的權重進行配股。但智慧型的台灣 50ETF，其操作範圍仍然是台灣前 50 大個股，但它不依權重配股，而是可能依這 50 檔股票，最近季營收成長率的高低順序進行配股。

　　因 Smart Beta ETF 的操作模式，結合傳統被動式管理與主動式投資選股的優勢，所以為投資人提供更靈活的操作策略，且最重要的還是希望它的投資報酬，能夠超越原先所想要追蹤的指數報酬。

表 23　一般型與 Smart Beta ETF 之比較

	一般型 ETF	Smart Beta ETF
成分股配重	按權重調整	機動調整
管理策略	被動式管理	被動式管理＋主動式投資
投資報酬	追蹤指數報酬	超越追蹤指數報酬

Unit 44　為什麼槓桿型與反向型 ETF 不適合長期投資？

近年來，國內 ETF 市場一直都在烈火烹油的發展中，市場上推出不同類型的 ETF，來滿足各種多元投資需求。但有些 ETF 的標的物非現貨商品，而是以追蹤「期貨」標的為主，這些 **ETF 則會有出現期貨換倉的摩擦成本、兩市場間波動差、匯差等因素的干擾。**因此長期下來，常常會讓淨值無形中被磨損，無法與標的物價格同步，產生極大的追蹤誤差。

無疑的，以追蹤「期貨」標的為主的「槓桿型」與「反向型」這兩類 ETF，其淨值最容易出現偏離指數，導致長期追蹤效果並不佳。所以這兩類 ETF，大概只能屬於短期操作的策略性商品，並不適合投資人長期持有。以下我們針對這兩類 ETF 的追蹤誤差偏離，進行理論上與實際上的說明：

若以正向 2 倍之「槓桿型」ETF 追蹤標的指數為例，在理論上所形成的誤差，可由表 24 得知：當追蹤標的指數兩日各漲跌 10%，則累積報酬的 2 倍為 -2%，但正向 2 倍 ETF 的累積報酬卻為 -4%，兩者的偏離誤差就為 -2%。

表 24　槓桿型 ETF 的追蹤誤差情形

	追蹤標的指數	槓桿型 ETF（正向 2 倍）
第一日漲跌	+10%	+20%
第二日漲跌	-10%	-20%
累積報酬	(1+10%) × (1–10%) － 1 = -1%	(1+20%) × (1–20%) － 1 = -4%
累積報酬之 2 倍	-1%×2 = -2%	
兩者偏離	正向 2 倍 ETF 的累積報酬 - 追蹤標的指數累積報酬之 2 倍 = -4% – (-2%) = -2%	

　　若以元大台灣 50 反 1 之「反向型」ETF 追蹤標的指數為例，在實際上所形成的誤差，可由表 25 得知：在間隔 1 年（2018/10/03~2019/10/03）的情形下，即使台灣加權股價指數幾乎無漲跌，但「元大台灣 50 反 1」ETF 卻跌了 7.685%。由此觀之：這檔反向型 ETF，每年的追蹤誤差約為 7%~8% 之間。

表 25　反向型 ETF（元大台灣 50 反 1）的追蹤誤差情形

	台灣加權股價指數		元大台灣 50 反 1	
日期	指數價位	漲跌幅	價格	漲跌幅
2018/10/03	10,863.94	+0.110%	12.10	-7.685%
2019/10/03	10,875.91		11.17	

　　我們可由上述兩個案例得知：「槓桿型」與「反向型」這兩類 ETF 會存在較大的追蹤誤差，對投資人而言，若是短期拿此兩項商品當作避險或投機工具，追蹤誤差上不會影響你的操作策略；但長期下來，所累積的追蹤誤差就會越來越大，這也正是「差若毫釐，謬以千里」的道裡。所以此兩類型的 ETF，確實較不適合長期持有，投資人必須有所認知。

Unit 45　為何原油價格漲漲跌跌，但原油 ETF 與基金卻無法同步？

　　國際油價常常起起落落，但跟原油相關的金融商品價格，卻無法同步的漲跌，也常讓投資人感到疑惑？究竟為何會如此？

　　市面上，跟原油相關的金融商品，不外乎就是原油期貨、選擇權、ETF 與基金等這幾類。其中，原油期貨與選擇權，大致上，可以與原油價格幾乎同步漲跌。但原油 ETF 與基金卻無法，而且有時還會出現反向的漲跌，其原因如何呢？

　　基本上，原油 ETF 的漲跌方向，大致可以與原油價格同向，主要是原油 ETF 的投資標的為原油期貨，所以原油現貨與期貨的漲跌方向會一致。但 ETF 所投資的原油期貨，有可能是「遠月份」的期貨合約，所以雖然漲跌方向與現貨一致，但幅度並不會一樣；即使是「近月份」的期貨合約，雖漲跌方向與幅度會與現貨較一致，但期貨部位須常常轉倉（合約換月份），這無形中會讓淨值被磨損，使 ETF 出現追蹤誤差，導致漲跌幅度無法同步。

　　至於，原油類基金或能源類基金的漲跌，可能會與原油價格的波動出現較大落差。主因乃是這些基金，它們所投資的標的物，是跟原油生產或銷售的公司股票有關，股票的漲跌受到很多因素的影響，所以不單只有油價會影響它，因此常常會與原油的漲跌出現較大的落差。

　　所以投資人想要投資原物料（包含原油）相關的金融商品，若要與原物料商品價格漲跌幅較一致，必須去投資期貨與選擇權商品，其次是 ETF，連動最差的應該就是基金了。

Unit 46　券商發行的 ETN 與投信發行的 ETF，有何差別？

　　國內自從 2003 年開始發行 ETF 之後，此種採被動式管理，連結指數報酬的商品，逐漸受到國人歡迎，各種類型的 ETF，亦如雨後春筍般的大量冒出，整個市場呈現一片欣欣向榮。

　　但投資人在買賣 ETF 這個商品時，會有兩個較大的投資困擾，就是折溢價與追蹤誤差的問題。折溢價問題可藉由 ETF 本身的申贖機制來制衡，但追蹤誤差卻很難根除。但現在有一種與 ETF 相似，也是追蹤指數型的商品，它不具追蹤誤差，其績效表現比 ETF 更為直接明顯，它就是 ETN。那這兩者有何差別？

　　所謂的指數投資證券，亦稱為「交易所交易證券」（Exchange Traded Note, ETN），乃由「證券商」所發行的一種追蹤且連結某些指數報酬，且具到期日的有價證券。基本上，ETN 與 ETF 兩者有些神似，但 ETF 是基金的形式，ETN 卻不是，兩者存在許多異同。

　　根本來說，**ETN 與 ETF** 的共同特點，乃是都在集中市場，以市價進行交易，也都有折溢價的情形，它們以追蹤某些資產的指數報酬績效為目的，並都具有申贖機制。但兩者存在的差異，如下說明：

　　一般而言，ETF 的發行單位，須將投資人所交付的資金，買進欲追蹤指數的相關有價證券。但證券商在發行 ETN 時，投資人所交付

的資金，並沒有被強制規定，如同 ETF 一樣必須持有指數成分股或相關的有價證券。

此外，因 ETN 不一定要持有有價證券，所以它也不會有一定要分配股息收益之問題。但有些 ETF 因須持有有價證券，若標的證券可以配發股息或債息時，那 ETF 就可能必須分配收益給投資人。

ETN 與 ETF 都具申購與贖回的機制，其目的乃希望能夠解決折溢價幅度過大之問題。基本上，有些現貨型的 ETF，若要進行申贖機制，必須採取實物申贖，但合成型的 ETF，僅可利用現金申贖；另一方面，ETN 因不必持有任何追蹤資產，所以投資人要進行申贖時，僅提供現金申贖。

通常 ETN 與 ETF，都是以追蹤某些資產的指數報酬績效為目的。**ETF 必須持有追蹤指數相關的有價證券，所以投信在進行換股、換倉的動作時，會有摩擦成本，也會有匯率上買賣的價差成本，因此會出現些許的追蹤誤差。但 ETN 並不持有任何追蹤資產**，績效報酬完全取決於證券商發行時，對投資人的承諾，因此證券商只要承諾到期時，給予投資人追蹤指數完全相同的報酬，理論上，並不存在追蹤誤差。

證券商發行 ETN 時，會設定到期日，因怕所連結的指數漲跌過大，讓證券商可能出現損傷，所以有些 ETN 會有提前贖回機制。例如：若 ETN 所連結的指數，在到期日前出現大漲，可能會對發行券商產生利益的壓縮，此時證券商可會設定一個價位（如：發行價的150%，「天花板價」），將 ETN 提前贖回。若 ETN 所連結的指數，在到期日前出現大跌，讓 ETN 的價格（如：發行價的 10%，「地板

價」)已低於下市標準,此時證券商可能將 ETN 提前贖回。至於國內發行的 ETF,則沒有強制提前贖回的限制。

一般而言,ETF 一旦發行後,只要發行單位不進行清算,ETF 會永續的在市場上交易,並沒有到期的問題。但 ETN 在發行時,通常會載明到期日,且證券商會承諾 ETN 到期時,將以其追蹤指數的報酬進行結算。例如:某一 ETN 連結台灣加權股價指數,若發行時,台灣加權股價指數為 10,000 點,ETN 發行市價為每單位 10 元;若 ETN 到期時,台灣加權股價指數漲 10%,為 11,000 點,則證券商須以每單位 11 元向投資人買回。

通常發行 ETF 的投信,會將投資人的資金購買指數成分股,或相關的有價證券,所以投資人的投資損益,主要取決於 ETF 的投資標的證券的價值。但發行 ETN 的證券商,須承諾投資人在 ETN 到期時,給予追蹤指數的報酬,所以投資人除了承擔追蹤指數漲跌的風險外,仍須承擔發行機構的信用風險,因此投資 ETN 前,應須瞭解發行機構的信用與財務狀況。

表 26　ETN 與 ETF 異同項目之比較

	異同項目	ETN	ETF
相同處	集中市場交易	是	是
	追蹤指數績效	是	是
	折溢價情形	有	有
相異處	持有追蹤指數成分資產	不一定要	需要
	分配收益	無	部分 ETF 有
	申贖機制	現金	實物 / 現金
	追蹤誤差	無	有
	強制贖回	有	無
	到期期限	有	無
	發行人信用風險	有（券商發行）	無（投信發行）

　　上述介紹 ETN 與 ETF 的異同，希望能讓讀者明瞭這兩者相似證券的差異，投資人可依據自己的投資需求，選擇合適的商品進行投資。

Unit 47 我們可買房出租賺租金，但要買辦公大樓來出租就很難吧？但有一種基金可以幫我們實現，那是什麼呢？

　　一般的市井小民每日汲汲營營的謀生，除了希望能為家人或自己照顧好溫飽，也能掙得一間可遮風蔽雨的房子，以求安家樂居。若行有餘力，亦可投資買一棟（層）房用來出租，當包租公（婆），也是一項不錯的理財管道。但若一般人去買一棟辦公大樓或商城來出租，那就不是那麼容易可以辦到的事了。而市面上，卻有一種基金可以幫我們實現，是什麼呢？

> 那種基金就是「**不動產投資信託證券**」（Real Estate Investment Trusts；REITs），REITs 就是將不動產的所有權，予以「證券化」（Securitization），也就是將房產所有權分割成小額等份的股權，再將這些股權以「封閉型基金」的方式發行，供投資人進行小額投資。

　　投資人購買此基金，等於間接擁有大批不動產所有權的一部分。投資人除了可享有固定配息（配息的資金來源為大樓與商城的租金收入）的收益外，也可享有不動產增值波動的資本利得收益。

　　國內現行已有多檔 REITs 上市掛牌交易，它是少數以不動產為標的的證券化商品，因此投資人較為陌生。但它具有某些投資優勢，也一直深受追求穩定收益的投資人青睞，其優勢如下說明：

　　REITs 將不動產每年所收到的租金收入，轉為現金股利分配給投資人，所以投資 REITs，除可享有不動產增值波動的資本利得收入外，亦可領取相對穩定的股利收益。

　　通常不動產具有保值、抗通膨的特性，所以投資 REITs 等於間接投資在不動產。當通貨膨脹發生時，不動產的租金等相關收益，亦會跟著物價水準向上調整，所以 REITs 的股利收益與市場價格，亦隨之水漲船高。所以投資 REITs 會隨著不動產增值而受益，這是一般證券，所無法擁有的保值與抗通膨特性。

　　由於 REITs 是在集中市場，以封閉型基金掛牌交易，與股票交易方式相同。所以資金的流動性與變現性，均較直接投資在實質的不動產佳，且投資門檻也較低，可讓一般小額投資人，亦可參與不動產投資。

　　根據國內不動產證券化的條例規定，REITs 的信託利益（如：租金收入）應每年分配股利收益。REITs 除了免徵證券交易稅外，個人股利收益只採取 10% 分離課稅。因此對於資金大戶而言，其節稅的效果會比資金放在定存好。

　　因此，當我們投資 REITs 時，有種瞬間「置得廣夏千萬間」房產的感覺，它不僅有穩定的租金收入，也很容易將之變現。所以可提供小額投資人，參與高價房產的投資機會，亦提供房產投資大亨們，一項能夠靈活運用資金的優質投資工具。

5

PART

固定收益商品常識篇

國人愛團購商品，那你知道債券也可以團購嗎？

　　基本上，債券這個商品，並不是我們一般市井小民的菜，大都以法人市場為主。主要是因為它的投資金額比較大，且投資期限都很長。若一般散戶真的買了債券，要脫手也不太容易，即使可以，買賣價格也常常會與市價有所落差，通常對小額投資人非常不利。

　　因此，在國內一般人都會買賣債券型基金，以間接的方式投資債券，即使資金大戶，仍可藉由交易「債券附買回」（RP），進行短期的債券投資，鮮少直接去接觸長期性的債券投資。

　　若一般投資人真想要購買債券的話，除了可至債券交易商或銀行，購買到面額較大的債券外，亦可在郵匯局認購 10 萬元的小額公債，或可至剛由政府核准的「債券團購平台」進行小額債券的投資。

　　國內於 2020 年底，經金管會核准的「債券團購平台」－湊伙，可讓民眾利用用 100 元新台幣，或 10 美元的小額資金，在線上團體購買國內外債券。每人最高能買的債券團購總額，為新台幣 25 萬元或等值美金，且非專業投資人，只能購買信評 A- 以上等級的債券。

　　此「債券團購平台」也新增創新的「去仲介便捷轉讓服務」，可讓會員將所持有的小額債券部位，透過平台與其他會員進行相互轉讓與承接。此舉可讓平台的所有會員都成為轉讓方的交易對手，且還能自行決定轉讓的價格，落實真正的普惠金融。

　　以上「債券團購平台」的介紹，提供國內有意願投資債券的小額投資人一項便利的交易管道。

很多人一直搞不懂，為何利率愈低（高）的債券反而愈貴（便宜）？

一般人對債券的印象就是，「定期領息，到期還本」的一種固定收益商品。通常定期領息的高低，是取決於債券的「票面利率」，但票面利率並不代表你買這個債券的「報酬率」（此稱為「殖利率」，或稱為「到期收益率」）。

大多數的人對上述那兩種利率都分辨不清；而且，尤其又聽到利率愈低（高）的債券價格愈貴（便宜），都會覺得邏輯好像不太通。其實不然，因為只要搞懂那兩種利率的差別，你的疑惑就會刃迎縷解。

一般而言，債券在發行時，會先設定好「票面利率」與「期限」這兩個因子，但要決定它能賣多少錢，是由當時「市場利率」所決定。這個「市場利率」是由投資人買賣認定投資這檔債券，應該可以得到多少報酬率（殖利率）。

> 例如：有一檔 3 年期，面額為 10,000 元的債券發行時，票面利率設定為 10%，則債券持有人，每年可領 1,000 元（10,000×10%）的利息，共領 3 年，到期時，歸還面額（本金）10,000 元給投資人。

現在有人投資此檔債券，認定這種條件的債券，他只願意出 9,000 元的價格去購買，則換算此檔債券的報酬率 [12]，如下計算所示，此殖利率為 14.33%。

$$9,000 = \frac{1,000}{(1+r)} + \frac{1,000}{(1+r)^2} + \frac{1,000}{(1+r)^3} + \frac{10,000}{(1+r)^3} \Rightarrow r = 14.33\%$$

現在有人投資此檔債券，認定這種條件的債券，他願意出 11,000 元的價格去購買，則換算此檔債券的報酬率，如下計算所示，此殖利率為 6.24%。

$$11,000 = \frac{1,000}{(1+r)} + \frac{1,000}{(1+r)^2} + \frac{1,000}{(1+r)^3} + \frac{10,000}{(1+r)^3} \Rightarrow r = 6.24\%$$

所以相同條件的債券，若有人出 9,000 元就可買到，換算殖利率為 14.33%；但有人卻出 11,000 元才可買到，換算殖酬率為 6.24%。因此我們可以由這個簡單案例得知：債券的價格是與利率成反比的，也就是說利率愈低（高），債券的價格就愈貴（便宜）。所以此處的利率是指債券殖利率，而非票面利率。

一般的人對債券不甚瞭解，都認為利息（「票面利率」）領愈多的債券應該就愈貴，其實不然，**債券的票面利率高低，並不是左右債券價格的唯一因素。最重要的是你用多少價格去買債券，所計算出來的「殖利率」，才是投資這檔債券真正的報酬率。**所以「票面利率」與「殖利率」，兩者是不相同的，投資人若認清了這點，就不會對債券的利率與價格成反比關係，感到困惑了。

---

12 通常債券的價格計算，就是把每一期所領到的利息與最後一期所領到的本金，利用報酬率（殖利率）去折現而得的現值。

債券都變負利率了，為什麼還有人要買？買還可以賺錢嗎？

　　自從 2008 年全球發生金融海嘯危機以來，美國、歐盟與日本紛紛推出 QE 政策，導致全球金融市場錢滿為患，各國的債券利率也直直落，有些國家的政府公債居然跌至負利率，那這種債券買了會倒貼利息嗎？買了此種債券還有可能賺錢嗎？

　　承如上一個專欄所介紹，債券的「票面利率」與「殖利率」是不同的。因此我們說債券利率跌至負值，那個利率是指殖利率，而非票面利率。即使，殖利率跌至負值，但債券在發行時，票面利率應該不會設定為負，所以投資人買了此種債券，還是可以領到利息的，而不用倒貼。

　　至於買了這種負利率的債券之後，還能賺錢嗎？上一個專欄已介紹，債券的殖利率與價格成反比，所以**雖然殖利率已經跌至負值，若將來殖利率還繼續往下跌，那你之前買的債券仍繼續有利差可以賺。**

例如：上一個專欄的案例中，那檔 3 年期，面額 10,000 元，票面利率設定為 10% 的債券。若發行時，你用殖利率 -0.1% 去購買，則須花費 13,036.07 元，當日殖利率下跌至 -0.15%，你將之賣出，可得 13,054.16 元。這兩者利率價差為 18.09 元（13,054.16 － 13,036.07）。

債券計算式，如下兩式：

$$\frac{1,000}{[1+(-0.1\%)]} + \frac{1,000}{[1+(-0.1\%)]^2} + \frac{1,000}{[1+(-0.1\%)]^3} + \frac{10,000}{[1+(-0.1\%)]^3}$$
$= 13,036.07$

$$\frac{1,000}{[1+(-0.15\%)]} + \frac{1,000}{[1+(-0.15\%)]^2} + \frac{1,000}{[1+(-0.15\%)]^3} + \frac{10,000}{[1+(-0.15\%)]^3}$$
$= 13,054.16$

所以購買負利率債券的投資人，你不用擔心倒貼利息，只要利率繼續往負值下探，你仍然有獲利空間的。

Unit 51　常聽到「利率倒掛」之後，表示經濟就會衰退，是真的如此嗎？

前陣子，市場常常聽到「利率倒掛」之後，表示經濟情勢將發生衰退，股市也即將步入空頭市場。所以只要此消息一出，常在股市裡造成騷動，那真的會如此嗎？

一般而言，金融市場內，合理的情況下，長期利率高於短期利率，因此正常的利率曲線是屬於上升型式。但若發生短期利率居然高於長期利率時，表示利率曲線屬於不尋常的下降型式，也就是俗稱「利率到掛」現象。根據以往經驗出現此現象，那可能意謂著經濟景氣將有所變化。

當金融市場發生「利率倒掛」情形，代表景氣將衰退。因短期利率上揚，企業籌資借貸成本提高，不利企業新發債籌資，民間信貸利息增加，造成市場消費動能減弱；另一方面，長期利率較低，也意謂著長期景氣將陷入衰退風險，股市也可能步入熊市。

通常發生「利率倒掛」現象，都是泛指美國的公債市場的長短期債券的殖利率出現異常情形。一般認為，當美國的「2年期短期公債」與「10年期長期公債」的殖利率發生倒掛時，表示美國經濟景氣與股市都會步入衰退。當然的，美國經濟與股市走弱，台灣也一定與之共舞。

表 27 為這 20 幾年來，美國發生利率倒掛之後，股市與經濟景氣發生變化的情形。由下表得知：當美國每次發生利率倒掛後，過一陣子，股市與經濟情勢也都確實會發生反轉。而且股市走空會比經濟走疲先行反應，這也明白的告訴大家「股市是經濟的櫥窗」。

因此，若以後美國債市再發生利率倒掛現象時，也意謂著股市也快到強弩之末了，投資人必須「戰戰兢兢，如臨深淵，如履薄冰」的面對未來，及早準備，才能安然度過危機。

表 27　美國債市發生利率倒掛後，股市與經濟景氣的變化情形

	第 1 次	第 2 次	第 3 次
發生利率倒掛時點（**T1**）	2000 年 2 月	2006 年 6 月	2019 年 8 月
股市開始下跌時點（**T2**）	2000 年 8 月	2007 年 10 月	2019 年 12 月
經濟發生衰退時點（**T3**）	2001 年 3 月	2007 年 12 月	2020 年 2 月
T1 至 **T2** 歷經期間	6 個月	16 個月	4 個月
T1 至 **T3** 歷經期間	13 個月	18 個月	6 個月

Unit 52　在國內證券市場裡，小額投資人唯一可以買到的債券是什麼？

　　在國內的債券市場裡，絕大部分的債券都是以法人的買盤為主，唯獨一種債券，小額投資人亦可參與其中，那就是在集中市場掛牌交易的「可轉換公司債」。

> **可轉換債券**（Convertible Bonds）乃允許公司債持有人，在發行一段期間後，依期初所訂定的「轉換價格」，將公司債轉換成該公司的股票。此種債券讓持有人，在尚未轉換成股票前，仍可依票面利率領利息，將來轉換成股票後，可賺資本利得。

　　在實務上，當可轉換公司債要轉換成股票時，有時會先向發行公司取得債券換股權利證書，再轉換成普通股。因可轉換公司債具有轉換權，故其所支付的票面利率較一般純債券為低。

　　可轉換債券是國內唯一可讓投資人透過集中市場的交易方式，進行買賣的債券商品。一般而言，可轉債的證券名稱，會在股票名稱後加上數字以區分，例如：「鴻海一」、「華航三」。通常掛牌上市的可轉債的每單位價格 100 元，一張可轉債為 1,000 個單位，所以一張可轉債的面額 10 萬元（100×1,000）。

如果現有一投資人購買 A 公司，剛發行每張面額 10 萬元的可轉債，並設定轉換價格為 50 元，則每張可轉債將來可以換 2,000 股的普通股（100,000/50=2,000 股）。若現在 A 公司的股價已經漲至 60 元，則投資人將可轉債申請轉換成股票，此時股票價值有 12 萬元（60×2,000），此時那這位投資人就有 2 萬（12 萬 -10 萬）的獲利空間。

若上述的投資人買入 A 公司的可轉債，在到期前，都無轉換的機會，則投資人每年仍可領票面利率的利息，並在債券到期後還本。有些可轉債的發行者，因考量投資人無機會轉換成公司股票，以賺取資本利得，又只能領較低的票面利率，所以債券到期時，除了將本金贖回之外，也會有一筆之前約定的「到期贖回利率」（Yield To Put；YTP）給予補貼。

在投資可轉債時，投資人仍須注意以下兩項要點：

❶ 因大部分的可轉債都屬於無擔保公司債，因此投資人仍會面臨公司的違約風險。

❷ 可轉債可讓投資人進行轉換成股票的時點，每年大都只會設定 2~4 次，若可進行轉換的機會來臨時，股價不爭氣，也是徒勞無功。

基本上，可轉債對投資人而言，除了有利息可領，也有機會賺取資本利得，算是一種「進可攻、退可守」的投資工具。每張可轉債只要 10 萬左右就可投資，而且亦可在集中市場交易，算是債券市場裡較親民的商品了。

債券 RP 是什麼？為何有人不把錢放銀行而去買 RP？

一般而言，債券交易是法人的市場，一般的散戶投資人鮮少參與，但有一種交易方式，卻可讓他們參與其中，這就是「**債券附買回交易**」（Repurchase Agreement；RP）。

通常投資債券需要的資金龐大，且投資時間長，確實不是一般投資人容易上手的金融工具。但為了使散戶投資人，亦可加入投資債券的行列，**債券交易商會將手中大額且長期的債券部位，分割成許多小額且短期的部位賣給投資人。當這些短天期的部位到期時，交易商須支付投資人持有這幾天債券的本利和，給予買回**，這就是「債券附買回」（RP）的運作模式。

其實 RP 的交易模式，我們將交易商所持有的大額且長期的債券部位，類比於它擁有許多棟的辦公大樓。交易商將這些辦公大樓，再細分成許多小辦公室，出租給中短期欲使用空間的廠商們。當租約到期時，廠商再將空間還給交易商，這樣有點類似交易商將空間「附買回」了。這些被歸還的空間，交易商會再找新的承租廠商，繼續如此循環運作。

上述，交易商把許多棟的辦公大樓，分成小空間循環的出租出去；那也就是將大額且長期的債券，細分成小額短期的部位，一直循環的跟投資人進行 RP 的交易很相似。

　　實務上，「債券附買回」（RP）乃是投資人購買債券不採買斷方式，而是事先與債券交易商簽定「附條件」約定。交易時，雙方先約定承作金額、利率與天期（1~364 天）；到期時，交易商以期初約定的利率以及所產生的本利和，向客戶買回債券。依現行稅法，投資人承作 RP 所產生的利息，將採 10% 分離課稅。

　　例如：假設某甲有閒置資金 500 萬欲向某交易商承作公債 RP，雙方約定承作天期 30 天，利率 0.8%，則到期時，交易商須以 5,002,959 元向客戶買回債券。計算式如下：

$$\text{RP 本利和} = 5,000,000 \times \left[1 + 0.8\% \times (1 - 10\%) \times \frac{30}{365} \right] = 5,002,959$$

　　所以投資 RP，如同將資金放進銀行的活存（儲），其所產生的利息收入採 10% 分離稅後，有時稅後收益甚至高於短天期的定存，且投資人可依自己資金狀況，選擇合適的天期承作，尚可中途解約，利息不打折，操作方便靈活。所以許多有錢的資金大戶，常承作 RP 來替代銀行存款。

　　順便一提，有一種與 RP 運作相反的 RS。「債券附賣回交易」（Reverse Sell Agreement；RS）亦即債券持有人將債券暫時賣給交易商，雙方約定承作價格、利率與天期；到期時，再由交易商以事先約定的價格，再賣回債券給債券持有人。此種交易方式，就是擁有債券的投資人，拿債券去向交易商抵押借錢，是一種具有融資效果的債券交易。通常在同一天之中，交易商對同天期的 RP 與 RS 的利率報價，RS 會高於 RP，且兩者的課稅方式相同。

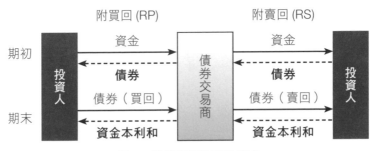

圖 5　債券附條件交易模式

　　以上對於債券附買回的介紹，提供給欲承作固定收益商品的資金大戶們，一個可以節稅且操作方便靈活的工具。

你知道債券可以愈養愈胖，也可能愈養愈瘦？

上一個專欄，介紹了「債券附買回交易」（RP）與「債券附賣回交易」（RS），讓我們知道證券商利用短期的資金去投資長期的債券，以賺取長短期利率的利差，這就是本專欄要介紹的「養券」。但養券有時會愈養愈胖，有時也會愈養愈瘦？為何呢？

首先，我們來介紹兩種「**養券**」方式。

❶ 證券商利用自己的長期債券部位，與客戶承作短期「債券附買回」（RP）交易。由於證券商利用支付短期利息所得資金，去支應長期債券部位，領取長期利息，以賺取「以短支長」的利差。

❷ 擁有長期債券部位的法人（包含證券商），將債券拿去跟證券商承作「債券附賣回」（RS）交易。由於法人可以領取本身債券的長期利息，但拿債券去質押所得資金，必須支付短天期利息給證券商，此舉也可同樣賺取「以短支長」的利差。

以下說明養券愈養愈胖的案例：

某券商擁有長天期債券，其殖利率為 2%，並利用它與客戶承作 RP，若 RP 利息為 1.2%，則此券商就擁有 0.8%

（2%-1.2%）的套利空間。此外，這券商亦可將長天期債券部位與另一券商承作 RS，若 RS 利息為 1.4%，則此券商就擁有 0.6%（2%-1.4%）的套利空間。

以下說明養券愈養愈瘦的案例：

某券商擁有長天期債券，其殖利率為 2%，並利用它與客戶承作 RP，若 RP 利息為 2.5%，則此券商將有 0.8%（2%-2.5%）的套損。此外，這券商亦可將長天期債券部位與另一券商承作 RS，若 RS 利息為 2.7%，則此券商就將有 0.7%（2%-2.7%）的套損。

上述兩例子，只要短天期的 RP 或 RS 的利率，都一直或大部分低（高）於債券的長期殖利率，這樣券商就會有套利（損），也就是一般所講的「養券愈養愈胖（瘦）」。

因為證券商並不是國內的存放款機構，但它仍可利用長期債券部位進行短天期的 RP 與 RS 的資金融通，並賺取價差。正常情形下，只要長期利率是高於短期利率，證券商的養券行為，會有利差；但相反，卻有利損。所以我們常聽到的「養券」就是券商利用債券部位從事資金融通，以賺取利差的行為。

Unit 55

只要央行調整利率，對某些債券的影響較巨大，但對某些卻僅掀漣漪，我們可從哪一指標判斷呢？

通常央行調整利率，會直接影響債券的價格變動，對某些債券的影響較巨大，但對某些卻僅掀漣漪，我們可從哪一指標判斷呢？

一般人認為債券是一種收益穩定的投資工具，雖然與股票相比，其價格波動不算大。但影響債券的價格變動風險有許多種，而其中所面臨到最大的風險，應該是由「**利率**」所造成的。

我們可由以下的債券價格的計算式得知，影響債券價格（P）的因素，除了**債券面額**（B）之外，尚有「**票面利率（C）**」、「**到期年限（n）**」及「**殖利率（r）**」三大因素的綜合影響。

$$P = \frac{C}{(1+r)} + \frac{C}{(1+r)^2} + \cdots\cdots + \frac{C}{(1+r)^n} + \frac{B}{(1+r)^n}$$

當債券發行時，「票面利率（C）」與「到期年限（n）」就已被固定住了，只剩下「殖利率（r）」會隨著市場每日變動。因此要衡量債券價格變動風險，就只要針對「殖利率」進行探討即可。

「**存續期間**」（Duration）是用以衡量債券價格對利率變動的敏感度，也可作為衡量債券價格對利率風險的指標。在實務上，亦將「存續期間」解釋為持有債券的平均回收其本金及利息的實際期限，

但要注意「存續期間」是一種敏感度，並沒有「年」的單位。「存續期間」（D）的計算式，如下式：

$$D = \frac{1 \times \dfrac{C}{(1+r)} + 2 \times \dfrac{C}{(1+r)^2} + \cdots + n \times \dfrac{C+B}{(1+r)^n}}{P}$$

當「存續期間」愈大（小）的債券，其所受到利率變動時，所產生的價格變動風險愈高（低）。因此，當央行調整利率，對某些債券價格的影響較巨大，但對某些債券價格的影響較微小。

所以每一檔債券，都可算出它的「存續期間」。「存續期間」等於是這檔債券的利率風險高低的表徵。因此投資人要投資債券時，必須知道「存續期間」對債券價格的影響。

路邊常看到賣餐飲旅遊的「票券」公司，那就是票券市場的商品嗎？

　　在我們日常生活中，最少聽見與最不常投資的金融商品，大概就是票券了。有時在路邊會看到賣餐飲旅遊的「票券」公司，還以為那就是金融市場內的票券，其實不然。

　　所謂的**票券乃指由政府、企業與銀行所發行的短期債務憑證**。它跟債券很像，兩者主要差異乃在於發行的期限，債券為長期。但票券與債券，在國內大部分參與者都是法人或資金大戶，所以我們一般的市井小民是比較不容易直接接觸到的，但若投資人購買「貨幣市場基金」，那就間接藉由基金投資票券了。

　　國內票券市場的主要交易工具，包括政府發行的「國庫券」、企業發行的「商業本票」、「承兌匯票」，以及銀行發行的「銀行可轉讓定期存單」這四種。其中，以「**商業本票**」幾乎佔了票券市場，近 9 成的發行量與成交量。

　　當一般中小企業缺乏短期營運資金時，除了向銀行融通資金，另一個合法的融資管道，就是去票券商發行短期「商業本票」，也可取得成本低廉的短期資金。一般中小企業要發行商業本票比發行債券親

民多了，因為要發行債券必須公司規模達到「公開發行公司」[13]的標準，但只要是依法登記的中小企業就可發行票券，即使公司規模不大亦可發行。

　　所以票券其實是企業融通短期資金的好幫手，投資人若有短期閒置資金，沒有更好的投資機會時，投資票券或貨幣型基金就是資金最安全的中繼停靠站。因此票券市場對投資人與企業而言，都是一項重要的金融工具。

---

13 在國內要成為公開發行公司，其公司資本額最低的標準為 5,000 萬新台幣。

NOTE

PART

衍生性金融商品
常識篇

Unit 57　為什麼常聽說投資期貨風險很高？

　　一般人對期貨商品較為陌生，而且對它的印象就是風險很高，事實也是如此！也常在新聞媒體聽到有人投資期貨傾家蕩產，但也有人一夕致富。那它究竟有何能耐，可以讓投資的變動如此巨大呢？

　　期貨這個商品最原先被設計出來，就是為了規避金融商品價格波動風險而創造出來的，所以它是一種衍生性金融商品。通常這種因避險需求所產生的商品，在合約設計上，須考量風險發生的機會有多大，且須計算風險產生後，對投資產生多大的影響。然後，盱衡整體所產生的損失後，以訂出這份合約的避險成本。

　　通常投資人所付出的避險成本資金，大都僅佔原始投資金額的一部分，這也就是衍生性金融商品的「保證金」制度。因它具備以小搏大的槓桿功能，也常讓很多人把它當作投機工具。

　　這種「保證金」制度，有如在市場買一間房子需要 1,000 萬，投資人只要先出 5% 的資金（50 萬元）就能去預訂買房子。若你現在有 1,000 萬要投資房地產，用現金去買只能買到 1 間 1,000 萬的實體房，但如果用 50 萬元去買預訂房子的合約，你就可以買 20 張合約。若現在房子跌價 50 萬，變為 950 萬，買實體房的頂多賠 50 萬，但買預訂房子的 50

萬則是馬上賠光，若買 20 張，此時 1,000 萬就瞬間化為烏有。反之，若房子漲 50 萬，你買實體房僅賺 50 萬，但你的 20 張合約會幫你賺進 1,000 萬元。

上述的例子，讓我們得知採取「保證金」制度的交易，將使你的投資損益的變動加劇。因此期貨商品就是採這種交易制度。所以投資期貨必須要有很高的風險意識，因為它可能讓你「翻手為雲覆手雨」，一下就賠光本金，但也可能一下就賺好幾倍。

Unit 58　為何期貨交易是「買空賣空」？

　　現在一般人投資股票，其股票都無實體化，但基本上，它一開始是有實體股票存在的。但「期貨」商品是由期貨交易所，所創造出來的合約，那個合約是虛擬的，並不是具實體的有價證券，所以也就是「空」的，因此才會常聽到期貨交易，被說成是買「空」賣「空」。

　　通常期貨交易的買賣雙方，都只針對這個被虛擬創造出來的「空」合約，進行買低賣高，或賣高買低的價差交易，且大部分都只是針對合約的差價結算，進行「現金交割」，鮮少去針對合約內的商品，進行「實物交割」。

　　例如：現在有人去買了 1,000 口（每口 1,000 桶）的原油期貨合約，成交合約價格為 50 美元，等到合約漲到 55 美元時賣出，每口可賺 5 美元（55 － 50）的現金價差，那 1,000 口就可賺 5,000 美元（5×1,000）。但若你願意，也可採實物交割，那你必須準備一台油輪，去交易所指定的地方，以之前成交的每桶 50 美元價格，去運回 1 百萬桶原油（1,000×1,000），以進行實物交割。但實務上，鮮少有人會如此做。

　　由上述案例得知：絕大部分從事期貨交易者，都是針對合約的價差進行現金交割。即使，少數買賣雙方採取「實體交割」，也僅針對那個虛擬的合約內容進行處理。因此期貨合約，並沒真實的存在市場裡，這有點類似佛教禪宗所追求的「空」之境界。因為期貨合約，就像禪宗六祖慧能法師，所寫的一首詩：「菩提本無樹，明鏡亦非台，本來無一物，何處惹塵埃」，所描述的「空」之境界相仿。

Unit 59　期貨程式交易中，為何注重「高頻交易」與須預防「胖手指」事件？

　　通常投資人投資股票時，進場後，若沒有被套牢，有的放一陣子就可以出場；若被套牢，又不想認賠殺出，那可能就必須放很久了。但在期貨交易裡，不太可能出現如此情形，因為期貨合約有到期日，交易風險又很高，所以大都短線進出。

　　因此在期貨交易裡，很流行利用電腦程式交易，而且為了交易效率與安全，有些法人利用「高頻交易」來增加交易速度，並也須預防「胖手指」所帶來的風險。那這兩個名詞又是什麼意思呢？

　　高頻交易（**High Frequency Trading**；**HFT**）是指投資人利用電腦程式，以及網路設備的速度優勢，在市場尋找極為短暫，可以套利的機會，藉以賺取買賣之間的價差。這種操作手法，通常每次交易獲利的金額不是很大，但是獲利穩定，只要多次下單，報酬率仍相當可觀。

　　由於高頻交易必須仰賴交易速度，所以有些交易商甚至會將主機放置在交易所附近，以減少主機與交易所之間的距離，才能「近水樓台先得月」，使下單獲得最先成交，且較容易獲取利益。

　　胖手指（Fat-finger Error）是指在這瞬息萬變的金融市場中，現今許多交易必須仰賴電腦以快速的鍵盤操作，或程式的自動執行，但

因交易者在高度的工作壓力下，有時會有按錯鍵的現象，導致交易標的物的成交數量或價格嚴重錯誤，造成經濟損失，並可能引發市場混亂。

因此，近年來，在期貨交易中，法人與散戶利用電腦程式輔助交易日漸普及，使得高頻交易更受到關注，而且須慎防胖手指的「一失手成千古恨」之連鎖反應。

Unit 60　「可樂」與「葡萄」選擇權是什麼？

　　金融市場裡，許多投資人很懂得如何買賣股票，也可能知道期貨到底要怎樣操作，但是遇到選擇權卻沒轍？因為選擇權確實較複雜些，基本上，它可分成兩種商品，其基本特性與操作方式，常讓投資人搞不太清楚。

　　選擇權是一種在未來可以用特定價格買賣商品的一種憑證，是賦予買方具有是否執行的權利，而賣方需相對盡義務的一種合約。選擇權的買方在支付賣方一筆「權利金」後，享有在選擇權合約期間內，以約定的「履約價格」，買賣某特定數量標的物的一項權利。

　　選擇權主要可分為「**買權**」（Call Option）和「**賣權**」（Put Option）兩種。不管是買權或賣權的「買方」，因享有以特定價格買賣某標的物的權利，故須先付出權利金，以享有權利；反之，買權或賣權的「賣方」，因必須負起以特定價格買賣某標的物的義務，故先收取權利金，以盡履約義務。

　　基本上，若以買方的角度來看，「買權」是用來看漲用，「賣權」是用來看跌用，兩者有時容易混淆。在實務上，為了讓投資人容易區分，利用買權與賣權的英文的讀音來增加記憶。

買權的英文為 Call Option，「Call」的發音近似台語的「可樂」，可樂此種飲料會「往上」冒泡泡，所以你去買可樂代表「買進買權」，此操作適合將來行情上漲用的。

　　賣權的英文為 Put Option，「Put」的發音近似華語的「葡萄」，葡萄此種果實是在樹藤「往下」生長，所以你去買葡萄代表「買進賣權」，此操作適合將來行情下跌用的。

　　以上提供投資人在買賣選擇權時，一個簡單的記法，希望能讓讀者對選擇權有初步認知。

Unit 61 選擇權商品居然有「賞味期限」？
快到期的更不能買？

投資人在買賣選擇權商品時，常遇到一個問題就是為何選擇權的標的物沒漲跌，但選擇權的價值卻下跌，而且愈接近到期日跌得愈快。為什麼？

選擇權與其他金融商品最大的差異點，在於選擇權合約具有「時間價值」。這好比食品中的保存期限一般，同樣一個食品在新鮮時與快到「賞味期限」時，廠商會用不同的價格出售。選擇權也是有同樣的情形，在不同時間點，其時間價值不同。

因為選擇權的價值（權利金）是由「履約價值」（Exercise Value）或稱內含價值加上「時間價值」（Time Value）這兩部分所組合而成。所以選擇權的價值（權利金），即使當日所對應連結的標的物並沒有漲跌，雖不影響其履約價值，但時間價值，卻每日都在遞減中。

通常選擇權剛上市的時候，時間價值的遞減並不大，但會隨著時間的流逝，其時間價值會加速消逝。這好比一個自由落體般，一開始掉落時，每單位時間的位移並不大，但隨著掉落的時間拉長，加速度會讓位移變得很大。因此愈快到期的選擇權，其時間價值會遞減得很快，所以對投資人非常不利，不適合去購買快到期的選擇權。其選擇權的時間價值消逝圖，如圖 6 所示：

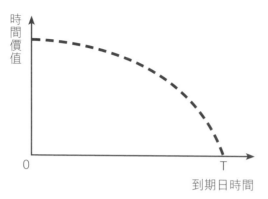

圖6 選擇權的時間價值之變化情形

　　所以要投資選擇權商品時，必須知道它的價值會隨著時間消逝，這是這個商品最特殊的地方，投資人必須清楚明瞭之。

　　國內的權證市場發行量非常的驚人，所以導致許多權證並無真正的流動性，都須靠發行商提供買賣的報價，才能使權證具有被動的流動性。市場上，有些發行商常對權證的買賣價進行不合理的調整，也會引起市場的關注；也有些發行商明示自己是公平報價，而強調「隱波不降」，那又是什麼意思？

　　權證與選擇權一樣，其價格都是可利用數學模型計算而得。在計算權證價格時，標的物的波動率是影響價格高低的重要因子。通常我們會擷取標的物過去一段期間（通常是一年）的波動率，此稱為「**歷史波動率**」，來當作計算價格的依據。但這種利用過去的歷史波動率，所計算出的權證價格，比較不具有即時性與敏感性。

　　因此在計算權證價格，我們會根據權證的現在價格變化，再利用數學模型反推隱含標的物的波動性，此稱為「**隱含波動率**」（Implied Volatility）。此波動率可反應市場現在對權證供需的情況，也可代表目前市場對未來標的物價格變動的看法與預期，雖然看法不一定正確，但比較具有即時性與敏感性。

　　因為國內權證發行量膨脹得太快，許多權證根本沒有實際的流動性，投資人交易權證的「對手」，並不是市場上另一投資人，而是

權證「發行商」。發行商要用多少價格進行買賣,它可去調整權證的「隱含波動率」。通常會將「隱含波動率」調降,讓買賣價格對券商有利,而對投資人不利。所以有些券商在發行權證時,會強調不調降「隱含波動率」,以示公正。

原本國內權證市場是提供投資人投資股票時,一個可以避險與投機的管道。但近期,因現在權證的成交量屬於由券商被動提供,所以讓避險的功能,稍嫌不足,現今大概就以投機的需求為主吧!

什麼是牛熊證？
為何它不是選擇權商品？

　　長久以來，國內的權證市場，都以發行各類型的認購或認售權證為主。自從 2011 年後，發行一種可看多與看空的牛熊證商品，讓市場商品更添多元。那我們知道，國內的權證是一種股權類的選擇權商品，但牛熊證卻不是，為何呢？

> 國內所發行的牛熊證（Callable Bull/Bear Contracts），其發行型態並不屬於選擇權的型式，應屬於結構性產品。其主要的原因是牛熊證，並沒有如同選擇權那樣，其價值會隨時間消逝而逐漸遞減。因為它的時間價值在發行時，早就被一開始所設定的「財務費用」給固定了，這個費用並不會隨時間而減少。

　　國內所發行的牛熊證，除了在發行時，會收一筆固定的財務費用，當作發行成本外；也會設定如同權證的「履約價」，但會多設定一個「限制價」。當標的物市價觸到「限制價」時，牛熊證會提早到期，以間接保護投資人的損失。

　　通常牛證的限制價會設在標的物市價之下，所以**牛證類似於「下限型認購權證」**。因此牛證發行時，標的物市價、限制價與履約價的高低應為：**標的物市價＞限制價＞履約價**。例如：假設某一券商發行

牛證，其發行時標的證券市價為 40 元時，權證限制價將設為 32 元，
履約價將設為 28 元。

通常熊證的限制價會設在標的物市價之上，所以熊證則類似於
「上限型認售權證」。因此熊證發行時，標的物市價、限制價與履約
價的高低應為：履約價＞限制價＞標的物市價。假設某一券商發行熊
證，其發行時標的證券市價為 20 元，權證限制價將設為 28 元，履約
價將設為 32 元。

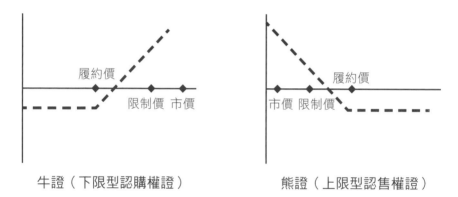

牛證（下限型認購權證）　　　　熊證（上限型認售權證）

圖 7　牛熊證發行時，標的物市價、限制價與履約價的關係圖

此外，國內現行所發行的牛熊證在發行時，通常都以「價內」的
方式發行，其目的是希望牛熊證的漲跌幅度能與標的物相一致，以讓
牛熊證能夠發揮實質的槓桿倍數。

例如：某牛證的標的股票市價為 40 元時，該牛證限制價設
為 32 元，履約價設為 28 元；則此時牛證價格已有 12 元
（40 － 28）的履約價值，假設發行成本（財務費用率）0.5
元，所以該牛證價格為 12.5 元（12 ＋ 0.5）。若此時標的
股價從 40 元漲至 50 元，上漲 10 元，則此時牛證也將上漲

10 元，漲至 22.5 元（12.5+10）。所以投資人等於只用 12.5

元，投資 40 元的股票，具有 3.2 倍（40/12.5）槓桿效果；

且可賺到 10 元價差，其報酬率為 80%（10/12.5）。

　　因牛熊證相對要付出較高的價格才能買到，其槓桿效果不若一般的權證那麼高，大概類似股票「融資融券」的槓桿倍數。但操作牛熊證所付出的成本會較融資融券低，又不受資券籌碼的限制，最重要的是它具有到期日，並有自動停損的功能。因此投資人可運用牛熊證的槓桿效果，進行股票的多空操作，其效果可說是優於融資融券。

為什麼金融交換合約是遠期合約的 2.0 版？

　　基礎的衍生性金融商品應該包含：遠期、期貨、選擇權與金融交換。這其中，金融交換大概是一般投資人較不會接觸到的工具，因它主要還是被法人拿來使用居多，大都用於規避各種金融風險。一般而言，它是跟遠期合約的特性最相似，可以說是「遠期合約的 2.0 版」，為何呢？

　　金融交換（Financial Swap）是指交易雙方同意在未來的一段期間內，以期初所約定的條件，彼此交換一系列不同現金流量的合約。通常遠期合約是簽一次合約，僅進行一次性的交易；但金融交換卻是簽一次合約，則在未來進行多次的遠期交易。所以金融交換合約，可說是由一連串的「遠期」合約所組合而成。

　　以下我們利用一個日常生活的案例，來加強說明金融交換是由一連串的「遠期」所組合而成，讓讀者更能明瞭金融交換與遠期合約之間的關係。

　　假設有一位上班族到遠地就業，需到外面租屋，通常支付房租可能是採每月（年）1 次。假設現在通貨膨脹日趨嚴重，房東幾乎每個月都稍微調整租金，讓你也覺得負擔加重，你可跟房東約定每 1 年，月繳（或年繳）固定的房租給他，此

時至少可以將 1 年內的房租固定，這種有點像是簽「遠期合約」的感覺，但 4 年你要簽 4 次合約。

但如果要更強一點，你也可以現在跟房東約定好，未來 4 年內，每年要月繳（或年繳）的房租，現在就一次講好，1 次約定 4 年期的房租，類似於簽訂「交換合約」。所以交換就是將一系列的遠期串連起來，他的避險功能比遠期更強，所以是遠期的升級版（或說 2.0 版）。

有關上述例子的示意圖，如圖 8 所示：

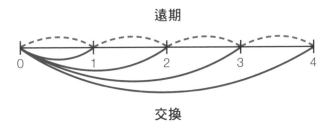

圖 8　金融交換與遠期合約之間的關係圖

　　金融交換大都是法人用於規避利率（利率交換）、匯率（貨幣交換）風險的金融工具；其交換合約的期間，大部分為 2 ～ 5 年，甚至 10 年以上，且大都會是跟銀行承作，與遠期合約同屬量身訂作的店頭市場商品。所以投資人若要規避短期的風險，可以選擇遠期合約；若要進行長期性避險規劃，則可選擇金融交換，可能較為適當。

Unit 65　什麼是金融資產證券化商品？

2008 年全球發生金融海嘯危機，其罪魁禍首乃是與次級房貸相關的「金融資產證券化商品」，這些商品是怎樣運作的呢？

在金融領域裡，將各種資產「證券化」（Securitization）是一種常見的金融運作。其將**大額、具特殊性與流動性差的資產所有權**，分割成小額等份的有價證券，以提供小額投資人購買。

金融資產證券化，即是銀行將放款資產（如：房貸、信用卡、應收帳款等）之本金及利息收入作為標的基礎，再將這些資產出售或信託給另一金融機構，則該「信託機構」將這些資產按每期固定之現金流量予以單位化、小額化，由該機構發行受益證券，向投資人銷售之過程。而這個證券化過程為了降低證券的風險，可再利用「信用加強」的機制，使之成為不同等級的證券商品，再予以出售。有關金融資產證券化發行架構，請詳圖 9 說明。

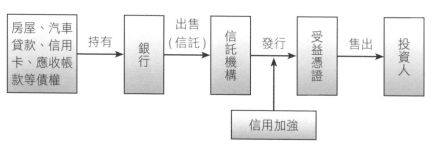

圖 9　金融資產證券化發行架構圖

此證券化行為,乃銀行將各種放款資產,轉化為流動性的證券發行,並售予投資人。此可提高銀行資產流動性與增加獲取資金的來源,亦使投資人增加投資的管道。通常此類的商品,依是否與「房貸或不動產」的債權有關,又可分成「資產擔保證券」(ABS)、「抵押擔保證券」(MBS)這兩種類型:

(1) 資產擔保證券(Asset Backed Securities;ABS)

　　是以非房貸或不動產相關債權為主,所發行的受益證券。如:汽車貸款債權、信用卡債權、企業應收帳款債權或其他債權等。通常ABS的發行者為「商業銀行」業者為主,其發行目的在於信用風險移轉或籌資。

　　上述類型的債券中,若以「投資銀行」業者(如:證券商)為主,則此證券被稱為「擔保債權證券」(Collateralized Debt Obligation;CDO)。CDO其運作方式乃投資銀行去市場買進一些非房貸或不動產的相關債權之後,再重新包裝發行證券,其主要的目的在於套利。

(2) 抵押擔保證券(Mortgage Backed Securities;MBS)

　　是以房貸或不動產相關債權為主,所發行的受益證券。MBS又依照不動產的用途,可區分以下兩種類型:

❶ **商用不動產抵押貸款證券(Commercial MBS;CMBS):**
主要是以「商業用不動產」為主的標的(如:辦公大樓、飯店、商場等),所發行的受益證券。

❷ **住宅用不動產抵押貸款證券(Residential MBS;RMBS):**
主要是以「住宅用不動產」為主的標的(如:豪宅等),所發行的受益證券。

以上針對金融資產證券化商品進行簡單的介紹，讓投資人明瞭這些證券化商品，其實是內含許多種資產或債權的結合，而且有些由投資銀行（證券商）發行的更像「千層派」那般的複雜，所以此類商品並不適合直接銷售給一般的投資人。

7 PART

銀行理財商品常識篇

Unit 66 　你知道有些錢放在銀行某些帳戶，並不會生息，而且有的還會讓錢變少？

　　一般而言，個人理財可以從小處開源節流。我們將錢放在銀行不外乎就是安全與便利，並且可收到一些利息。但有些帳戶並不提供利息，而且還會收取管理費，讓你的錢變少。你知道嗎？

　　基本上，所有的銀行帳戶有一種「支票存款」帳戶，因帳戶內的資金存入後，就會被立即領走，因此資金的流動很快，所以通常銀行對該帳戶的資金不支利息。但此種帳戶並不是每個人都會擁有，因此對一般民眾影響較小。

　　我們一般民眾可能都會有幾個銀行的活存（儲）戶，若有些活存金額少於 500 元、活儲金額少於 100 元，且 1 年以上都沒有任何動靜，則會被列入「靜止戶」。一旦戶頭變成靜止戶，則銀行將不支息給客戶。如果已經是靜止戶，要再次使用，必須辦理重新啟用手續後，才可以讓戶頭再度被使用。

　　由於國人投資海外商品愈來愈普遍，所以在銀行可能必須開立「外幣帳戶」。通常外幣帳戶以美元、歐元、日圓與人民幣為主，這些帳戶的利息幾乎都很低、甚至是零利率。有些外商銀行還針對這些外幣帳戶收取「管理費」，讓原本利息已「微乎其微」了，演變成「負利率」，等於放在帳戶內的錢會愈存愈少。因為這些外商銀行認

為它在幫你保管金錢，而且需要管理成本，所以提供服務收取費用，也算是「天經地義」吧！

　　以上提供幾種不支息，而且還會收取管理費帳戶的資訊，雖然那些帳戶對我們的影響並不大，但至少讓民眾知悉有此情況。

若想安全投資，該選擇「銀行定儲」、「儲蓄型保單」、「債券型基金」其中的哪一種？

2008 年全球歷經金融風暴後，各國央行大肆進行寬鬆貨幣（QE）政策，使得錢滿為患，利率直直落，國內也沒能置身其外。這些年來，我國的銀行定儲利息都一直維持於低檔，大都在 1% 上下。在這個低利環境下，讓依靠定存收入維持生活的退休族而言，真是傷透他們的「薪」啊。

在現今國內的金融市場裡，若我們不將資金放在銀行的定存，又想要得到比銀行定儲利息還要高的固定收益商品，大致還可以選擇承作「儲蓄型保單」與「債券型基金」這兩種商品。

「儲蓄型保單」，此乃壽險公司推出兼具保險與儲蓄的商品。通常投保人於期初或定期繳交一筆資金後，可以依投保人需求，選擇一段期間（中長期）後，領回一筆資金，或以年金方式領回的一種儲蓄型商品。

通常承作此種保單，收益率會高於定儲，但要綁約比較長的時間。倘若要提早解約，可能會被收取違約金，導致收益率會低於銀行定儲。此外，此保單最大的違約風險來自於保險公司倒閉，但基本上，國內若發生此情形，金管會應該會站出來保護投資人不讓它們的權益受損，因此安全性算高。

「**債券型基金**」是以一種投資各種債券為主的基金。通常**投資債券型基金，可能會有兩種收益，其一是利息收益，另一是資本利得。**有些債券型基金標榜高配息，但卻可能會減損資本利得；有些採不配息，就純粹賺取資本利得。但投資債券型基金的整體報酬率，必須將兩者收益加總計算而得。

　　通常投資債券型基金的總體報酬率，長期間下，大都會高於銀行定存，且也會有不錯的報酬率。但有些債券型基金所投資的標的發生違約，可能會讓投資人受到嚴重損傷，所以它並不一定會讓投資人擁有正報酬。但投資它的好處是**可以隨時申購與贖回，因此資金的流動性較高。**

　　綜合上述，這三種固定收益商品，仍以儲蓄型保單在安全性與收益性，最受投資人青睞，雖然流動性稍差。但基本上，想安全投資的投資人，大概都可以犧牲流動性換取較高的報酬吧！

表 28　銀行定儲、儲蓄型保單與債券型基金之比較

	銀行定儲	儲蓄型保單	債券型基金
流動性	中	低	高
收益率	低	高	高，不一定
安全性	高	高	中

國人愛承作儲蓄險，但保單中的「預定利率」與「宣告利率」，都不是真實報酬率，你知道嗎？

　　由於國內的利率長期處於低檔，使得定存族逐漸將目光轉移至比銀行定存（儲）利息還要高的「儲蓄險」身上，它已成為國人理財新寵工具之一。國人在承保儲蓄險時，銷售員常以「預定利率」與「宣告利率」等名詞來強調利率有多高，以吸引投資人購買。但其實那兩者利息，都不是保單的真實報酬率，那究竟真實報酬率又是如何呢？

　　「預定利率」是保險公司收取保費後，將保費拿去投資，預估可以獲取的年化投資報酬率，它並不代表此保單的投資報酬率。通常「預定利率」乃在保單設計前，就已先預設好一個固定值，該值不會因後續的市場變化與投資情形而有所異動。若「預定利率」越高，表示保險公司可將這筆保費投資賺到較高的報酬，所以保費就不用繳那麼多。也就是「預定利率」與「保費」呈反比。

　　「宣告利率」是保險公司將收取到的保費，扣掉管理費、業務員佣金等費用後，再拿去投資，所得到的實際年化投資報酬率。通常「宣告利率」會隨市場情況而有所調整，並非固定值，且此利率也絕非此保單的真實報酬率。

　　上述保險公司所公布的儲蓄險之「預定利率」和「宣告利率」，都不是該保單真正的投資報酬率。那保單真正的報酬率，又該如何

得知呢？通常你必須先知道該保單存續期間內，每期所要繳納與可收到的現金流量，然後，再利用 Excel 的「內部報酬率」（IRR）去計算現金流量所可得到的報酬率，此報酬率就是保單的「**真實年化報酬率**」。

所以，將來當保單銷售員介紹你買儲蓄險時，它用「預定利率」或「宣告利率」來強調這份保單的利率有多高時，你就當作參考就好。你必須針對保單所有現金流量利用 Excel 去計算出 IRR，那才是「真實報酬率」。

Unit 69　銀行常推銷「連動債」給客戶投資，它到底是什麼樣的商品？

2008 年美國發生了次級房貸金融危機，導致全球第 4 大的投資銀行——「雷曼兄弟」發生倒閉，連帶使得它所發行的「連動債」，也無力償還，讓許多投資者血本無歸，當時國內也有許多人受到波及。那這種惡名昭彰的連動債，到底是什麼樣的商品呢？

基本上，「連動債」又稱為「結構債」（Structured Notes），它可分成兩種型式，其一是具保本性質的稱為「保本型債券」，另一是不具保本性質的則稱為「高收益債券」。

(1)「保本型債券」（Principal Guarantee Note, PGN）

由一筆「零息債券」加上「買進選擇權」所組合而成。通常投資人買進保本型債券，銀行會將部分資金，先投資一筆零息債券，並估算零息債券到期所償還面額，足夠償還原始本金之後，再將購買零息債券所剩資金投入選擇權，作為支付「買進選擇權」的權利金。

若期末選擇權有獲利，投資人除可取回本金外，亦有選擇權的履約價值收益；反之，若期末選擇權無獲利，雖損失權利金，但至少本金還能獲得保障。

此債券至少會將本金保住，因此才被稱為「保本型債券」。該債券的最大損失，已事前確定，且又有機會獲取高收益的機會，所以是

屬於一項「進可攻、退可守」的投資商品。有關保本型債券的損益情形，詳見圖 10。

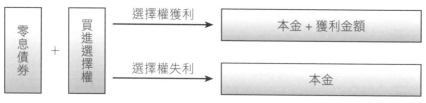

圖10　保本型債券的損益情形圖

(2)「高收益債券」（High Yield Note, HYN）

由一筆「零息債券」加上「賣出選擇權」所組合而成。通常投資人買進高收益債券，銀行會將全部資金，先投資一筆零息債券，並將本金當抵押去賣出等值的選擇權，以收取權利金的額外收入。

若期末選擇權，無履約價值，則投資人便能賺得選擇權的權利金收益，以及取回本金。但若期末選擇權，具履約價值，則投資人賣出選擇權的部分，其原始本金會被履約換成另一種幣別的本金，但整體仍有選擇權權利金與另一幣別本金可以領取。

此債券最大獲利，除了可回收本金外，又有權利金的額外收入，所以才被稱為「高收益債券」。但此債券的風險在於，若選擇權被買方履約，則原始本金會被履約換成另一幣別的本金，若投資人無另一種幣別本金的需求，若要再換回原幣別的本金，則此債券就具有匯率損失。有關高收益債券的損益情形，詳見圖 11。

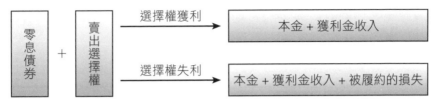

圖11　高收益債券的損益情形圖

　　因上述兩種連動債，其結構是屬於兩種商品的結合，投資人必須明瞭這些商品的特性，才能明確的知道這種債券的獲利性與風險所在。因此投資人須明白這種連動債，絕非安全性投資。

外匯保證金交易是什麼？該去哪裡承作比較安全？

　　隨著網路與行動通訊的普及發達，讓投資交易可愈來愈方便的進行。在網路裡，常有一些打著高報酬低風險的外匯投資平台，宣稱只要低成本就可參與外匯保證金交易。但這當中，有許多是詐騙的黑心平台，確實有些涉世未深的投資小白不知不覺的陷入其中。那什麼是「外匯保證金」交易？該去哪裡承作比較安全呢？

> 所謂的「**外匯保證金交易**」是指客戶只要存入一定成數的外幣金額，當作履約保證，並運用槓桿作用，來操作買賣外匯的交易方式。通常外匯保證金交易是一種以小搏大，且具有高報酬與高風險的投資工具。

　　通常承作外匯保證金交易，須先繳一筆保證金。一般保證金約是買賣金額的 3%~10% 左右，此稱為「原始保證金」，當操作外匯保證金活動損失至一定成數（約 50%~60%）時，則交易商會發出追繳保證金通告，要求客戶需補足保證金差額至原始保證金，才可繼續保留部位。若保證金損失達一定成數（約 75%~80%）時，交易商可以在不經客戶同意情況下，自行將操作部位平倉，也就是俗稱的「斷頭」。

一般坊間，可承作外匯保證金的單位有很多，例如：銀行、證券商、投資平台……等。若以上述三種機構而言，承作外匯保證金所須繳交的最低原始保證金，以銀行最高、證券商次之、投資平台最低；但在操作信用倍數上，三者卻相反。有關國內各金融機構之外匯保證金交易之比較，詳見表29之說明。

表29　國內各金融機構之外匯保證金交易的比較表

機構		最低原始保證金	操作信用倍數
銀行	合庫銀行	1 萬美元	10 倍
	遠東銀行	1 萬美元	10 倍
	第一銀行	1 萬美元	10 倍
券商	群益期貨	各標的外幣的 3.33%~5%	20~30 倍
	群益期貨	各標的外幣的 3.33%~5%	20~30 倍
合法投資平台	Mitrade	100 美元	30 倍
	IG Market	300 美元	30 倍

　　由於操作外匯保證金是一項具高風險的金融交易，所以投資人在選擇交易商時，必須考量交易商所可承擔的風險程度。一般至銀行與證券商承作，因這兩種機構本身的資本規模較大，所以可承擔的風險也較高。但若至投資平台承作，因它們的規模較小，所以風險也會較高；而且市場有很多打著高獲利低風險的交易平台，常利用詐術誘拐投資人進場投資，最後可能連本金都要不回。

　　因此投資人在承作外匯保證金時，除了必須對匯率具有高度的敏感性，且須慎選投資交易商，才不至於受到黑心投資平台的詐騙，最後造成血本無歸。

銀行裡有一種黃金存摺的投資工具，它可以讓我們領出實體黃金嗎？

長久以來，黃金一直是國人喜歡拿來饋贈親友與用於投資保值的商品，因此民間累積了大量的黃金現貨部位。雖然國內現在已經推出「黃金期貨」提供投資人一個投資與避險的管道，但仍有為數不少的投資人喜歡採實體的黃金買賣。由於實體黃金買賣，有其攜帶的風險，所以現在有一種「黃金存摺」，可讓黃金投資更為便利。那此種方式也可領出實體黃金嗎？

所謂的「**黃金存摺**」是指投資人買賣黃金時，不拿實體黃金，而是用銀行的存摺來登錄買賣紀錄，投資人可以隨時委託銀行買進黃金存在存摺裡，也可隨時將黃金賣回給銀行，所有交易都是在紙上作業完成，只要不提領現貨，投資人看不到黃金實體，所以黃金存摺又稱為「紙黃金」。

現行國內大部分的銀行都有承辦黃金存摺業務，投資人欲開設黃金存摺帳戶，可至承辦銀行全國各分行辦理。該黃金存摺是以「1公克」黃金為基本掛牌單位，投資人可以隨時或定期委託承辦銀行，買進黃金存入存摺，亦可隨時將存摺內的黃金回售給銀行，或依銀行規定轉換黃金現貨。

　　此外，若投資人臨時有資金需求，又不捨得將黃金存摺內的黃金賣出，可利用質借方式，將資金借出。通常可質借的現金約為黃金存摺內黃金估值的 7 成。例如：若黃金當時的估值為 100 萬元，則可供質借的金額最高為 70 萬元。如果黃金抵押品的價值跌了 20%，只剩下 80 萬元價值，那質借人可以選擇買黃金來補足，亦可拿現金來補足。

　　所以黃金存摺，除了可進行無實體的黃金投資，亦可領出實體黃金，又可當作融資工具。因此它是一項很方便且安全的投資商品。

Unit 72 為何銀行被央行禁止承作 NDF ？
它是什麼呢？

由於我國是一個小型經濟體，所以新台幣的匯率容易受到大額外匯交易的影響，而造成激烈的變動，因此我國中央銀行必須常常進場干預，才能維持匯率的穩定。

在外匯市場裡，有一種 NDF 商品，常被拿來當作炒作匯率的工具，由於它會影響匯率的穩定，所以我國銀行常被央行禁止承作，那它到底是什麼呢？

「**無本金交割遠期外匯**」（Non-Delivery Forward；NDF）是指交易雙方約定在未來某一特定日期，雙方依期初合約所約定的匯率與到期時的匯率之差額進行清算，且無需交換本金的一種遠期外匯交易。

其實，NDF 與傳統的遠期外匯（Delivery Forward；DF）交易的差異在於，傳統遠期外匯交易須要有實際的外匯供給與需求者；但承作 NDF 不須提供交易憑證（如：實質商業交易所產生的發票、信用狀及訂單等憑證），也無須本金交割，亦無交易期限限制。

因此 NDF 是一種十分方便的避險工具，相對的也具有濃厚的投機性質。長久以來，NDF 一直被央行視為國外投機客炒作新台幣的

工具。所以我國央行已於亞洲金融風暴發生後一年（1998年），就禁止國內銀行承作。近期，由於金管會鼓吹「金融進口替代」政策後，所以央行僅開放國內銀行的境外分行（OBU），可承作新台幣的NDF業務。

雖然NDF可讓企業，以低成本與高效率進行外匯避險交易，但卻容易產生投機炒作的可能性，導致匯率波動過劇。雖然現在央行已開放可於OBU承作，但仍設下許多限制，最大目的就是不要讓新台幣的匯率劇烈波動，以免連帶引發股票與期貨市場的骨牌效應。

「TRF」曾讓台商傷痕累累，那它到底是什麼毒蛇猛獸？

近年來，中國隨著經濟的快速起飛，使得人民幣大幅升值。晚近，許多銀行鼓勵與中國密切往來的台商，承作一種可藉由人民幣升值而獲利的商品——TRF。由於此商品短期內，可因人民幣升值而賺取暴利，讓許多台商趨之若鶩。後來人民幣由升轉貶，又讓這些承作此商品的台商們苦不堪言，甚至出現一夕破產的局面。那 TRF 究竟是什麼毒蛇猛獸？

> TRF 的中文稱為「**目標可贖回遠期**」（Target Redemption Forward），它是一個設計結構較複雜的衍生性商品。基本上，TRF 是由兩個「選擇權」所組合而成，其組成後的結構卻與「遠期」合約相似。

TRF 的設計乃在合約加上一些「障礙價」的設計、以及買賣選擇權的名目本金乘上倍數，以讓合成後的遠期合約具有保護價、限制價以及槓桿效果。以下我們將分成三個步驟拆解說明 TRF 的設計：

【第一步驟】：通常 TRF 是由同時「買進賣權、賣出買權」、或者「買進買權、賣出賣權」所組合而成，且履約價格都是 E，期將組成一個「賣出遠期合約」、或者「買進遠期合約」，如圖 12-(1) 所示（以「賣出遠期合約」為例）。

【第二步驟】：將原先的賣出價格為 E 的遠期合約，加上敲入選擇權障礙價（European knock-in；EKI）的設計，也就是讓 TRF 在價格 E 與 EKI 之間，投資人並不會產生損益，所以 EKI 在 TRF 的設計中，被稱為「保護價」。但只要價格超過「保護價」，賣出選擇權的名目本金會加倍計算，讓損失呈現倍數增加（所以損益線較陡峭），其設計如圖 12-(2) 所示。

【第三步驟】：再將已設有 EKI 以及槓桿名目本金的 TRF，加上敲出選擇權障礙價（Discrete knock-out；DKO）的設計，當價格觸到「限制價」──DKO 時，TRF 即失效，所以 DKO 限制了投資人的獲利。其設計如圖 12-(3) 所示。

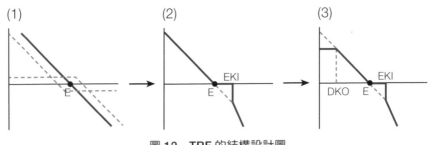

圖 12　TRF 的結構設計圖

我們可由以上 TRF 的結構得知：TRF 是一種獲利有限，但損失無限的一種商品。因此當投資人押錯方向時，並在槓桿的作用下，確實會讓損失加速擴大。所以要承作此類高風險的衍生性商品時，企業財務人員必須要具有相關的金融專業知識與交易經驗，才能避免釀禍。

Unit 74　「信託」是什麼？是有錢人才會需要嗎？

　　常常會聽到有些有錢人，在立遺囑的時候，將財產「信託」交付給銀行，讓銀行代為管理與分配將來的遺產。那是不是只有有錢人，才需要信託嗎？如果你存有這個觀念，那是一個迷思。現在信託，是一項適合全民且具溫暖的理財工具。那到底「信託」是什麼呢？

> 「**信託**」（Trust）是指委託人將財產權或其他處分，移轉給信任的受託人，並授與受託人管理或處分信託財產之權責，使得受益人獲得處分的利益或特定目的。所以信託就是一種代他人管理財產的制度，其由「委託人」、「受託人」與「受益人」三者所連結形成的法律關係。

　　現在國內有為數不少的家庭多多少少，都會面臨保險金繼承、子女教育與照料規劃、退休安養規劃、甚至遺產託付，利用「個人信託」來處理自己或家庭未來的問題，已是一件逐漸普及的事情。「個人信託」可將資產，依自己的心意來進行分配，以達到「專款專用」，讓資產能夠真正照顧到自己想要照顧的人。

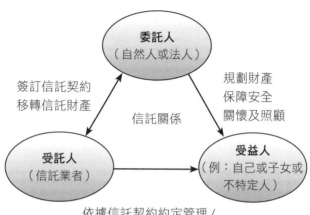

圖 13　信託關係圖

　　在實務上，若要進行「個人信託」規劃，每家銀行的門檻額度不一，但一般最低大概 30 萬元就可以承作。大部分拿來信託的資產，都以現金、股票、保險理賠金、不動產等為主。目前國內銀行承辦的信託業務，仍以「金錢信託」為主，約占整體信託業務的 85%。此外，信託除了幫個人進行規劃外，亦幫機關團體或企業組織等進行資產管理。

　　在現今的社會裡，不管是富人或一般的市井小民，都可利用信託幫助個人的資產進行投資理財、教育安養，以及遺產安排等事項，以讓信託受益人的財產可以得到保障與管理，同時免除委託人的後顧之憂。這就是信託最大的效益所在。

NOTE

8 PART

金融科技常識篇

常聽到各界要發展「金融科技」？
那跟「數位金融」有什麼差別啊？

　　這陣子，常常聽到政府與民間各界，都在大力發展「金融科技」，那它到底是什麼？它又與「數位金融」有什麼差別呢？

　　近年來，全球隨著科技日新月異的發展，人們的生活型態、工業的生產方式、商業的營運模式，亦隨之產生莫大的變化。現代人的生活中，無論通訊、生產、消費、營業、社交等活動，無不仰賴無形的網路、有形的電腦、行動與感測等科技設備。所以整個經濟社會的商業活動，受到科技進步的驅動下，逐漸往數位化、自動化、行動化與社群化的方向邁進，也讓營業交易與資金流通，更具便利性與效率性。

　　當然的，涉及資金流通的金融服務業，更是受到這股科技潮流的影響，進而產生「金融科技」與「數位金融」這兩種智慧化的服務型態。這兩種智慧化的金融服務，已讓人們感受到科技為金融帶來更迅速、便利、透明與平等的營運模式。

「**金融科技**」（Financial Technology；FinTech）是指科技（Technology）滲入金融（Financial），讓兩者相融合，產生了一種更具效率與公平的創新金融營運模式。其主要的營運模式是由「電子商務科技公司」，建構各種去中心化的網路社群平台，並透過多項智慧科技的輔助下，以提供即時、便利、效率、安全與公平的金融服務。

> 「**數位金融**」（Digital Finance）是指「傳統金融機構」將建構以機構為中心的網路平台，並透過多項智慧科技的輔助下，以提供即時、便利、效率與安全的金融服務。

我們從上述的說明知道「金融科技」與「數位金融」兩者最大的差別，就是**主導機構**的不同；「金融科技」乃是電子商務科技公司，「**數位金融**」乃是傳統金融機構。也由於兩者機構所經營的思惟不同，讓其所提供的金融服務具有「中心化」與否的差別。

由於國內在這個創新領域發展太過迅速，使得報章媒體對這兩者的報導常常混淆不清，也大都混用。但無論是「金融科技」或「數位金融」所提供的服務，早已「潤物於無聲」悄悄的融入在我們日常生活之中，並為我們帶來更方便、安全與效率的金融服務。

Unit 76　現在政府大力推展「行動支付」，那跟「電子支付」是一樣的嗎？

　　近年來，由於中國的支付寶、微信支付等「第三方支付」系統的普及發達，連帶的也刺激著我國非現金支付（或稱「行動支付」）的發展。國內於 2015 年 5 月，才正式立法通過「電子支付」條例，並於 2016 年 10 月才有第一家「電子支付」公司——歐付寶的成立。

　　各位從前段的描述中，是否發現本專欄用了「第三方支付」、「行動支付」、「電子支付」三種不同支付的名稱。那它們之間究竟有什麼相異之處呢？由於國內在這個領域的快速發展，其實所有報章雜誌也並不是很清楚，所以都對這些支付名詞的報導大都混用，也容易造成民眾的模糊，以下本專欄好好的來釐清它們的差異性。

　　首先，說明「行動支付」應該就包含「第三方支付」與「電子支付」這兩個系統。也就是說「行動支付」是母集合，那其他兩者都是它的子集合。再來，「第三方支付」是中國慣用的名詞，「電子支付」是台灣所使用的名詞，其實這兩者的運作系統是相同的，也就是說：中國所說的「第三方支付」等於國內所說的「電子支付」。但嚴格說，國內也有種「第三方支付」的系統，因較少人提起，就放在附

註 [14] 說明，以免造成混淆，其實它也是行動支付的一環。

那什麼叫做「**行動支付**」，現在應該稱「非現金支付」。舉凡在消費後，要進行支付時，不管你是拿實體信用卡、金融卡、悠遊卡、一卡通、手機裡的信用卡、儲值帳戶或什麼 Pay、智慧型手錶、甚至妳的美臉（生物辨識），以及金融卡轉帳……等，只要「非使用現金」支付，通通都算。當然也有認定要使用智慧型手機、生物辨識等系統來進行支付，才算是「行動支付」，不過那只是「狹義的行動支付」定義。

上述任何一個「行動支付」的動作，大都必須透過買賣雙方的銀行帳戶，才能進行支付的行為。例如：我去全聯買東西，利用它們的 pxpay 系統，因為我的 pxpay 綁定 A 銀行信用卡，且信用卡將來也會從我的 A 銀行帳戶直接扣款；若我進行支付時，我的錢就會從 A 銀行，被移轉至與 pxpay 系統合作的 B 銀行全聯帳戶去，所以大部分的「行動支付」都須要雙邊銀行居間才能運作。

那什麼才是「**電子支付**」？就是在進行支付時，不須再透過雙邊銀行居間，而是透過「電子支付機構」居間處理，而電子支付機構相對雙邊銀行而言是屬於第三方，所以在中國才會被稱為「第三方支付」。

---

14 國內的「第三方支付」公司的主管機關是「經濟部」，其業務範圍是與信用卡收單機構簽訂，提供網路交易代收代付服務平台業者，例如：Yahoo 奇摩輕鬆付、支付連等。但台灣的電子支付的主管機關是「金管會」，其業務經營為網路或電子支付平台為中介，接受平台會員進行資金儲值與會員之間相互移轉。所以國內的第三方支付，僅能代收代付，並無法進行資金儲值與移轉的行為，這是兩者最大的差別。

那「電子支付」如何運作呢？現在以國內比較多人使用「街口支付」來說明。若甲乙買賣雙方欲用「街口支付」進行支付，雙方都必須在街口支付所指定的銀行開個「儲值帳戶」，再將錢放進去這個儲值帳戶內；此時，若甲向乙買東西，甲就將他儲值帳戶內的錢移至乙的儲值帳戶內即可，雙方透過「街口支付」居間，並沒有再透過銀行了。因此這種方式，確實可以省下由銀行居間，所產生的轉帳或提領資金的不便與成本。

　　上述中，甲乙雙方要如何將錢先放入儲值帳戶內，就有很多種方式了，可用現金儲值、也可直接綁定你的金融卡或信用卡帳戶，由銀行帳戶轉入儲值帳戶。另外，「電子支付」有一個很重要的特性，就是甲乙雙方可以是一般的消費者，所以可以進行消費者之間（Consumer to Consumer）的轉帳，稱 C2C。若非電子支付系統，就僅能進行商家與消費者之間（Business to Consumer）的支付，稱為 B2C。當然「電子支付」亦可進行 B2C。

　　總結一下，行動支付與電子支付的關係，就是「電子支付可以是行動支付，行動支付不一定是電子支付」。講到這裡，若還是霧煞煞的，也沒關係，反正要支付時，對方有接受，東西物超所值，錢付完之後，帳戶內的錢沒算錯就好，不用管它用什麼支付了，最好還能「千金散盡還復來」，那就最完美了。哈哈！

Unit 77　政府鼓勵金融業「開放金融」？ 那是什麼？

　　近年來，由於「金融科技」產業的興起，讓傳統金融業的經營備受威脅，但兩者與其相互競爭不如合作，專長互補，資源共享，才能共創商機。所以現在傳統金融業紛紛走向「開放金融」與異業合作，希望創造雙贏。那什麼是「開放金融」？

> 「**開放金融**」（Open Finance）乃傳統金融業將內部資料開放與第三方服務公司（如：金融科技公司或非金融服務公司等）合作，並藉由「應用程式介面（API）[15]」的串接服務，建立起服務的生態圈，讓雙方共享數據資料，相輔相成，以擴大原有的效益。

　　例如：銀行推出「開放銀行」（Open Banking）服務，讓許多非傳統金融業（如：P2P 借貸平台、網購電商平台等），藉由「API」的串接與銀行的內部客戶資料相結合，透過異業結盟，讓銀行可以接觸到新客群，也讓民眾有更多機會與銀行互動，促進消費者在銀行內消費。

---

15 應用程式介面（Application Programming Interface；API）是指兩種不同軟體系統之間的連結介面，其主要的用途為聯繫兩種不同系統（或程式）之介面，使之能夠相互溝通。

例如：證券商與期貨商可藉由開放資料，讓外部業者（如：操盤軟體開發商）透過 API 介面與業者的電腦下單系統相連結，讓外部業者可自行進行程式下單交易，亦可增加業者本身的業績。

　　因此，未來的金融業的經營不能再單兵作戰，必須「開放內部資料」與異業結盟，集結不同的生態圈夥伴，並累積更多非典型數據，才能提前掌握消費者行為，進而發展出精準且具差異化的行銷模式，才能增大其經營範圍。

　　因此金融業藉由「開放金融」與第三方服務公司結盟，讓兩者「水幫魚，魚幫水」，以提供給消費者更便利與效率的金融服務，並創造出三贏的模式。

你知道有一種「科技保單」,可以依據你使用程度而支付不同的費用嗎?

傳統上,保險市場裡,販售保險商品的機構,大都以「保險公司」、「保險經紀公司」與「保險代理公司」為主要單位。近年來,由「電商公司」成立保單銷售平台,再結合原來的保險、保險經紀與保險代理公司,共同提供更多元、便利、透明與合適的「科技保單」給欲投保的顧客。那什麼是「科技保單」呢?

通常由電商公司主導的這種「保險」(Insurance)結合「科技」(Technology)之「保險科技」(InsurTech)相關保單,稱為「**科技保單**」。這種科技保單從設計開發、銷售核保、後續理賠等程序,都可藉由人工智慧技術協助進行一站式處理,以簡化流程,提高效率,並將省下實體通路的管銷費用,以提供更超值的保單給保戶。

此外,科技保單將運用物聯網、人工智慧與大數據分析等技術,可設計出具差異性的保單,提供給不同屬性的客戶,而且也因更完整瞭解客戶的實際需求,有助於保單的收費更為精準透明。

例如:有一種「科技保單」,乃透過物聯網連結裝置蒐集客戶的車輛使用情形,然後,依實際使用量訂價收費的保險,稱為「**依使用情形保險**」(**Usage Based Insurance;UBI**)。此種車險內容可依據使用者開車是旅行出遊、上班通勤、約會、運動等不同生活情境挑

選保險組合，亦可依據車輛的行駛里程、駕駛時段及駕駛行為等車輛使用情形來設計保單。

UBI 車險改變過往保險的靜態訂價，以保險人年齡、性別，輔以統計資料，再搭配肇事紀錄進行費率計算的模式，轉以科技輔助以使用者的使用頻率、騎乘狀態、環境與晝夜條件等，**自事後補償轉為事前風險預防**，並針對實際情況提供合宜、個人化的保險模式。

所以 UBI 此種碎片化的保單設計，打破以往齊頭式的保單設計與收費，更能符合被保險者的實際需求。現在國內已有許多產險公司，紛紛推出 UBI 的車險，提供個別風險對應的個人化保單，讓保戶享有更公平、更合理的保單新選擇。

Unit 79　投資人去 P2P 借貸平台放貸，報酬率比銀行存款利息高，那真的安全嗎？

　　傳統的金融活動中，資金的借貸大都是透過「銀行」體系的存放系統來進行；銀行可以決定放款對象、金額多寡與利息高低。但是，現在由電商公司所提供的網路借貸平台，可以媒合有資金供給與需求的個體戶，讓供需雙方在網路上完成 P2P 的借貸交易，不用再經過傳統銀行的仲介，而且可讓借貸雙方互蒙其利。

　　P2P（Peer to Peer）網路借貸平台，它們強調可進行小額貸款且快速審核撥款，貸款利息較銀行低。並且鼓勵投資人可以至平台進行放貸，其投資報酬率會高於銀行的存款利息。那這種投資真的安全嗎？

　　一般而言，民眾對 P2P 借貸平台的運作模式，其最大的疑慮，就是被違約倒帳的風險。這個風險可能來自兩方面。

❶ 借款風險：貸款人把資金借出後，貸款者不還錢的倒帳風險。

❷ 平台經營風險：平台可能會假借是貸款人，然後將匯集的資金捲款潛逃、或出現詐欺、惡意倒閉的風險，以及將投資人個資外洩的風險。

211

在借款風險方面：雖然 **P2P** 借貸平台的投資風險相對高，但投資人可將資金小額分散借給資金需求者，就可降低被違約的風險。例如：將一筆 10 萬元資金平均借給 100 人，若可收取利息 10%，若以往被違約率約 3%，這樣仍有 7% 的投資報酬率。所以投資人必須將資金分散投資，才能規避借款風險。

在平台經營風險方面：投資人必須慎選平台的經營模式與徹底瞭解股東結構，才能防止平台惡意倒閉的風險，或杜絕個資被外洩的風險。

雖然 P2P 網路借貸平台，可讓借貸雙方互蒙其利，但投資人所面臨的風險仍較在銀行存款的風險高。所以投資人若要報酬與風險兼顧，必須做到分散投資與慎選平台這兩項。

為什麼有人想做台版「餘額寶」，但都被金管會打槍？那「餘額寶」是什麼？

　　國內的某家電子支付廠商，很想學中國的第三方支付龍頭「支付寶」的運作模式，希望也能成立「餘額寶」，讓封閉式儲值帳戶內的閒置資金，可以得到活用。但國內的金管會卻一直不允許國內廠商如此作。那到底「餘額寶」是什麼？

　　近 10 幾年來，由於中國的經濟快速起飛，使得民眾消費能力大幅增長。雖該國境內幅員廣大，使得實體商品交易有著實際上的不便，但在網路與行動裝置普及下，已逐漸朝向電子商務模式運作。由於中國挾著人口之優勢，使得電商的交易規模，現已獨步全球，且其營業運作型態，也開創出一條屬於自己獨有的模式。

　　在這眾多的電商公司中，以阿里巴巴所成立「淘寶網」最負盛名。「淘寶網」是以從事 C2C 的小型交易為主，由於這種大都屬於「雞肋」的小額買賣支付，並不是大型銀行的主要業務。於是成立「支付寶」第三方資金支付系統，以解決電子商務的金流問題，並將電商服務與金融業務相結合，也開啟了該國電商金融蓬勃發展的新契機。

　　自從中國網戶們逐漸使用「支付寶」進行電商活動後，也無形中讓「支付寶」的帳戶裡累積了大量資金，這些資金存放在銀行的帳戶

裡，但網戶們並無利息可領。於是「淘寶網」又開闢了一個新的帳戶——「餘額寶」，讓網戶們將「支付寶」內臨時不用的資金可轉入「餘額寶」，並替網戶們進行簡單安全的投資，讓會員可以得到投資收益。

所謂的「**餘額寶**」，是將眾多網戶在「支付寶」儲值帳戶內，暫時不用的閒置資金，全部集結起來放入另一個虛擬帳戶（餘額寶）內，並幫網戶們投資「貨幣型基金」，以產生利息收益。由於投資所得的利息高於一般銀行的存款利率，使得網戶趨之若鶩，紛紛將閒置資金移入該帳戶內，從此「餘額寶」聲名大噪。

由於「餘額寶」的業務與類似於傳統銀行信託部門裡，有一種「集合管理運用帳戶」。該帳戶是銀行集合特定信託人，並簽訂「集合管理運用契約」，幫忙委託人集中管理運用資金。但國內的電子支付廠商，欲學習「餘額寶」的運作模式，已經牽扯至銀行的信託業務。由於國內的金融法令嚴謹，並不允許電子支付公司從事此項信託業務，因此台版「餘額寶」也只能想卻不能做。

由於「餘額寶」這項創新的金融營運模式，讓阿里巴巴整個集團的經營思維逐漸脫胎換骨，並使得電商金融的事業，成為該集團最重要的營業項目。由於我國與中國的國情不同，所以我國禁止承作此業務；但中國近年來，也漸次收緊電商金融的發展，「餘額寶」也逐漸褪下閃亮的光環了。

虛擬貨幣到底是什麼？是貨幣？還是商品？

　　近年來，由於全球知名虛擬貨幣「比特幣」（Bitcoin）的聲名大噪，連帶的使得虛擬貨幣議題受到相當多的關注。那到底虛擬貨幣是什麼？是貨幣？還是商品？

　　由於網際網路的發達，各種網際間的聯繫交易頻繁，造就網路虛擬市場的產生。在這虛擬的市場裡，由於人們基於交易或服務等動機成立了社群，網戶成員在社群裡，彼此交換討論買賣經驗與需求，所以電子類型的「虛擬貨幣」也應運而生。

> 「**虛擬貨幣**」（Virtual Currency）是指存在於網路世界的數位化貨幣，由開發者發行與管控，供特定虛擬社群成員使用。通常創設虛擬貨幣的開發者，都會設立流通平台，以服務網路社群成員。

　　通常「虛擬貨幣」與「電子貨幣」（Electronic Money）（例如：儲值卡、電子錢包）很相似，但兩者最大的不同是**電子貨幣具法償地位等同於真實貨幣**，可以在真實的生活中使用。但虛擬貨幣雖有自訂的計價單位，但不具法償地位，大都僅限於特定的網路社群裡使用，一般將之視為「商品」，而非真正的「法定貨幣」。

　　雖然虛擬貨幣不是真實貨幣，但在虛擬貨幣的體系裡，有些是可以與真實貨幣進行「雙向兌換」的，但有些卻不行。因此虛擬貨幣，若依是否能與真實貨幣進行「雙向兌換」進行分類，可分成以下兩類：

(1) 非雙向兌換

　　此類型式虛擬貨幣的最早期之發展，一般都僅限於平台上使用，有的可「單向兌換」成真實貨幣，但有的又不行。因此該類型又區分成「封閉式」與「開放式」兩種：

❶ 封閉式的虛擬貨幣： 由發行者於虛擬環境下所發行，只可以在封閉的虛擬環境中使用，與真實貨幣無關，即使能夠拿來兌換商品，也是虛擬世界的虛擬商品，並不是實體商品。例如：由遊戲軟體公司所發行的遊戲代幣，如：「天堂幣」、「金幣」等。

❷ 開放式的虛擬貨幣： 由發行機構所推出的代幣。使用者可能於該發行機構進行消費支出後所產生的獎勵代幣，或者利用現金換取代幣。該虛擬貨幣可用於兌換該發行機構所提供的商品與服務，且僅可與真實貨幣進行「單向兌換」。例如：由網路或實體商店所推出的代幣，如：亞馬遜幣、Line Points、航空公司的飛行里程紅利點數、全聯的福利點數等。

(2) 可雙向兌換

　　此類虛擬貨幣大都是利用「區塊鏈」加密技術所生成，由於具隱匿性與跨境的便利性，故受某些特定人士的青睞（如：欲進行洗錢

者），於是常被用於特殊的支付，且它具有與實體貨幣進行「雙向兌換」之特性。例如：比特幣、以太幣……等。

以上所介紹的兩大類型的虛擬貨幣，無論是否可與實體貨幣進行雙向兌換，它們都只是商品，而非真正的法定貨幣。但由於具加密技術的虛擬貨幣「比特幣」的崛起，讓它擁有可與真實貨幣進行「雙向兌換」的特質。因此，爾後這種具加密特性的虛擬貨幣，逐漸演化出一系列相關的虛擬代幣出現，讓整個體系對經濟社會影響性逐漸擴大。

比特幣是什麼？
為何它的價格可以這麼高啊？

　　自從 2009 年全球知名虛擬貨幣「比特幣」（Bitcoin）悄然誕生以來，原本人們對它的陌生與質疑，受到伴隨它而來的「區塊鏈」技術被廣泛應用後，逐漸轉為好奇與驚訝，現已登大雅之門，廣受各界所正視與使用。但相信許多人還是會對它的價格，為何可以炒得如此高而感到不可思議吧？

　　比特幣是一種以區塊鏈作為底層技術的加密貨幣，是由網戶共同參與共識解密所產生的「驗證工作證明」（或稱酬勞）。該貨幣於 2009 年 1 月 3 日，由網路化名為「中本聰」（Satoshi Nakamoto）完成第一筆驗證活動，誕生創世區塊。爾後，該系統每 10 分鐘接受 2,500 人共同參與驗證活動，每次可獲取 50 個比特幣，當作酬勞給予獎勵。

　　由於比特幣的發行機制，為了避免通貨膨脹的問題，會於每 4 年減半發行，所以至今已於 2012 年（25 枚）、2016 年（12.5 枚）、2020 年（6.25 枚）各減半發行過一次，因此現在挖礦人只可於 10 分鐘內取得 6.25 枚比特幣，並將於 2140 年會接近總發行數 2,100 萬枚。

由於這種比特幣的生成，是由網戶利用本身電腦的運算能力，參加區塊鏈系統的解密驗證工作（俗稱：挖礦），所得到的解密「驗證工作證明」（酬勞）。基本上，比特幣「無實際價值」，但因為要參加解密活動，仍須耗費許多成本（例如：電力與購置硬體設備等），而且能夠得到它的網戶們，也代表著他們的解密能力優於其他人，因此它也會被網戶們視為炫耀財的「電子寶藏」。

因此市場上，有人利用比特幣利用以物易物，換取實體商品的方式，就讓比特幣有了真實的價格出現。比特幣最早乃於 2010 年，由一位工程師將自己挖礦所得的 1 萬枚比特幣，去換取價值 25 美元的比薩餅，所以最初的比特幣價格是 1 枚比特幣＝ 0.0025 美元。

自從比特幣與實物交換之後，讓它與真實貨幣同樣擁有計價標準的功能。而且在網路上，也有虛擬貨幣的交易所，提供買賣雙方的報價服務，因此讓比特幣具有流動性。因為比特幣可以與真實貨幣雙向兌換，所以就常被拿來代替真實貨幣進行支付。實務上，有人拿比特幣購買蛋糕、機票、電器、房子、繳學費……等。故而比特幣的可支付廣泛度，早已「飛入尋常百姓家」的生活中了。

由於虛擬貨幣的帳戶，並不受任何國家的金融監理單位監管，所以隱匿性高，因為可被拿來購買非法商品（例如：毒品），或甚至成為非法洗錢的媒介。因此比特幣極受到特定人士的喜好，也使得價格水漲船高，但因其價格波動過大，也讓其支付性受到許多訾病。

其實，比特幣的創始者，原先是看不慣全球歷經 2008 年的金融海嘯危機時，歐、美、日等大國無限制的發行鈔票，使得人們不再信任政府發行的貨幣，才激發他設計一種限量發行的虛擬貨幣，以對政府濫印鈔票的行為，進行無言的抗爭。

　　現在比特幣，也由於它的稀少性與隱蔽性，讓其價值得以彰顯，即使，以後陸陸續續也有不少相似的幣種出現，但其價值相較於比特幣也都難望項背，所以它真是「前無古人，後無來者」啊！

企業運用「區塊鏈」聽起來就很科技新潮，其實很多都只是在唬人的而已？

　　自從 2009 年全球知名虛擬貨幣「比特幣」悄然誕生以來，原本人們對它是陌生與質疑，但伴隨它而來的「區塊鏈」技術，被人們發現它是一項極具發展潛力的新技術後，讓原本兩者處「相濡以沫」的階段，逐而轉為「相互吹捧」的搭擋。如今，「比特幣」的價格已經高到令人不可思議，而且「區塊鏈」也儼然是各界拿來作為科技新潮表徵的當紅炸子雞。

　　比特幣的價格為何這麼高，已在前面專欄探討過。那「區塊鏈」真的有那麼厲害嗎？一般人最倚重它就是具有「去中心化」、「共享帳本」、「可防止竄改」等特性。

　　但我們所認知的「區塊鏈」技術中，最具魅力的特色就是「去中心化」。但這個特性只保留在區塊鏈最原始的型態，也就是在生成「比特幣」時，所採用的「非實名制」的「公有鏈」上。

　　爾後，由於它被各種機構方便運用，就導入「實名制」，於是產生「具部分中心化」的「聯盟鏈」與「具中心化」的「私有鏈」兩種型式。所以現在區塊鏈的應用，就比較不強調去中心化的特性，反而著眼其「共享帳本」的智能合約生成。

由上述介紹可以讓我們知道區塊鏈的型態，大致可分成「**公有鏈**」、「**聯盟鏈**」與「**私有鏈**」這三種。這三種型式，在「防止資料被竄改」的運作是具有差異的。防竄性的優劣，那會攸關企業使用它後，給人帶來不同信賴度上的差異。

　　無疑的，「公有鏈」因完全去中心化，因此任何網戶都可參與公有鏈驗證過程，所以須全部網戶一半以上的節點驗證通過，區塊才能被確定且建立。但因參與者眾多且彼此不認識，也讓區塊鏈一旦形成後，想要竄改區塊鏈上的數據，幾乎是不可能的。因此「公有鏈」的防竄性，最值得信賴。

　　至於，具部分中心化的「聯盟鏈」，因為要參與聯盟鏈的網戶都是聯盟裡的成員，雖彼此知道真實身分。若區塊鏈一旦形成後，想要竄改區塊鏈上的數據，由於聯盟裡的成員並不會由單一人所控制，所以要讓超過一半成員同意修改，仍有一定程度的困難性。因此「聯盟鏈」的防竄性，仍可值得信賴。

　　問題就是出在「具中心化」的「私有鏈」上，因為要參與私有鏈的網戶是須被「中心機構」認可的。所以區塊鏈一旦形成後，中心機構若想要竄改區塊鏈上的數據，只要控制超過一半網戶的同意，就可進行修改。因此「私有鏈」的防竄性，是值得商榷的。

　　所以現今許多企業界標榜它們是使用區塊鏈運作，認證過程加密、資料完全無法造假……等等說詞。那你就要去觀察它們是使用「聯盟鏈」還是「私有鏈」。若打聽出來是使用「私有鏈」運作，那區塊鏈技術有可能只是拿來當成偽裝自己公平公正的幌子罷了，唬唬外行人用的。

有些國家不用自己的國幣，反而喜歡用美元「穩定幣」？為什麼？

　　自從比特幣誕生以來，原本默默無聞的它，被人們賦予具有支付功能後，就讓它搖身一變成為許多特定人士進行特殊交易的最愛。但由於比特幣，價格波動過大，也讓其支付性引起許多爭議。

　　因此市場上新發展一種與比特幣相似的「穩定幣」，因其價格穩定，讓其支付性更受到信任，甚至有些國家不用自己的國幣，反而喜歡用「穩定幣」。為什麼？

> **穩定幣**（Stable Coins）乃由發行機構利用區塊鏈技術，並提供某些資產（如：法定貨幣）當儲備，或提供穩定機制所發行的加密虛擬貨幣，且以「支付」為主要功能。穩定幣具有與真實貨幣進行雙向兌換的功能，且因價格會比無提供資產擔保的虛擬貨幣穩定，所以其「支付性」更受到信任。

　　現今全球穩定幣的發展仍處於萌芽階段，有關它的發行型式可分為好幾種，但其中，以「**法幣**」當擔保所發行的穩定幣為最普遍。「**法幣穩定幣**」是以各國的「法定貨幣」當作抵押擔保，並與其匯率相掛鉤所發行的虛擬貨幣。例如：發行 1 枚穩定幣會拿 1 美元當儲備，讓該穩定幣的價格與美元匯價相連結。

現今全球已有眾多公司發行法幣穩定幣，例如：全球市值最大穩定幣的「泰達幣」（Tether USD；USDT），乃由發行公司 Tether，以 1 枚泰達幣（USDT）兌換 1 美元等值發行。其餘，如由 Coinbase 公司所發行的 USD Coin（USDC）、Trust Token 平台所發行的 True USD（TUSD）皆為與美元 1：1 等值兌換的穩定幣。

　　由於法幣穩定幣，具隱蔽性且價格穩定，故很受某些特定人士的青睞（如：欲進行洗錢與販毒者），且進行跨境支付速度快，成本低，所以逐漸受到各界使用。法幣穩定幣雖不具法償地位，但由於它幣值具穩定性，可拿來當作數位貨幣支用。尤其，以美元當儲備的穩定幣，常被當成「數位美元」使用，在幣值不穩定的國度，如：委內瑞拉、阿根廷等，反而不信任該國的法幣，還比較喜愛這種以美元為主體的「法幣穩定幣」。

Unit 85

為何 FB 要發行穩定幣，全球央行都害怕？
那央行所發行的 CBDC 可取代它嗎？

　　上一單元，聊到穩定幣，因它具支付性且幣值穩定，所以深受某些特定人士的青睞，在某些幣值不穩定的國度，穩定幣甚至比它們的國幣，更受到信任與愛戴。

　　基本上，那些穩定幣的發行都還是屬於小眾市場，影響層面有限。但現在如果全球最大的通訊軟體公司臉書（FB）欲發行穩定幣，由於它在全球擁有近 30 億的使用者，若能成功發行，勢必影響全球的支付市場，甚至影響各國央行的貨幣政策。所以引起了各國央行的關切，並也催生各國央行發行「**中央銀行數位貨幣**」（Central Bank Digital Currency；CBDC ）的動機。

　　Diem 是由臉書（FB）預計發行的一種加密數位貨幣，當作社群會員之間的支付工具。原本 Diem 將在世界各國，以多種法幣做為儲備貨幣（如：美元、歐元、英鎊、日圓等）擔保發行穩定幣。但各國央行都擔心 Diem 將擾亂全球金融穩定，以及淪為洗錢工具。因此現在 FB 將縮減發行規模，由原先欲至全球發行通貨的野心，縮小為僅專注於美國市場，發行與美元 1 比 1 掛鉤的穩定幣。

　　中央銀行數位貨幣（CBDC）是一種由各國中央銀行所發行當地，具有法償地位的數位貨幣，可替代該國部分現金的發行。現在全

世界已超過八成的央行（包括：美國、中國、日本與歐盟各國等）都在研擬發行中。

至於穩定幣與CBDC這兩者，都是以電子方式發行，沒有實體材料。但在使用上，各有其優劣性。以下分析之：

由於CBDC是由中央銀行擔保發行，因此其價值與傳統實體貨幣相同，且可以隨時兌換成法定貨幣。相對於穩定幣而言，穩定幣發行單位必須提供充足的現金儲備，才能保證其價值的穩定性與支付的可靠性。因此在**價值和支付可靠性**上，CBDC是優於穩定幣。

但由於CBDC它是法定貨幣，其使用將主要限於某一國境內。相反，穩定幣則在全世界任何地方都通用。因此，穩定幣可在全球不同的國度間，進行相互支用，例如：FB所發行的穩定幣，它可供全球會員跨境使用。所以穩定幣在使用的**廣泛度**上，會優於CBDC。

現今，全球大多數的國際大型金融機構與政府組織，都認為只要穩定幣願意接受全世界各國的監管，那未來全球的數位支付，將由穩定幣與CBDC共同擔負起重責大任。

你知道公司籌措資金可以不用股票，可選用「虛擬代幣」嗎？

　　一般而言，公司缺乏資金時，除了向銀行借款之外，亦可發行有價證券，如：票券、債券與股票等，向投資人籌集資金。近年來，全球興起一股金融科技熱潮，公司亦可利用「虛擬代幣」來進行籌資。那什麼是「虛擬代幣」呢？

> **虛擬代幣**（Crypto Token）乃利用區塊鏈技術所生成，具加密特性的代幣。通常代幣發行者，會利用「首次公開發行代幣」（Initial Coin Offerings；ICO）的名義於市場籌集資金，讓虛擬代幣具有籌資功能。

　　其實，早期這種虛擬代幣的發行，有點類似某家公司所發行的儲值卡內點數。發行公司藉由 ICO 籌集資金，讓認購代幣者，除可於發行機構當作支付工具（如：買賣商品）之外，這些虛擬代幣也可至虛擬貨幣交易所進行買賣交易，若代幣的價格水漲船高時，亦可大賺一筆。

　　由於，那些早期虛擬代幣的發行者，都沒有像「穩定幣」般的提供任何資產當作抵押擔保。所以眾多 ICO 計劃案，有如發行者開出大量空頭支票，並且許多都涉及非法洗錢等違法行為，因此現在大都已

被各國禁止。雖然虛擬代幣的 ICO，大都不受市場信任，但卻讓虛擬貨幣的發行，具有籌資之功能，也是不爭的事實。

隨後，虛擬貨幣市場上，以某些資產（或所有權）的價值當作抵押擔保，而發行所謂的「資產型代幣」。這種「資產型代幣」與「穩定幣」都是具有擔保品當支撐的虛擬貨幣，相對的比較受人們的信任。

通常資產型代幣在進行籌資時，若願受到當地證券交易法令的規範，且代幣可像「有價證券」般，將資產碎片化轉為「虛擬代幣」的型式於市場發行籌措資金，將之稱為**「證券型代幣」**（Security Token）。

通常發行機構可透過「證券型代幣的首次發行」（Security Token Offering；STO），向投資人募集資金，並可於虛擬貨幣交易所進行買賣交易。由於證券型代幣乃將資產轉為小額標準化的代幣，且藉由區塊鏈的技術，將傳統有價證券的發行、託管和結算等程序融入智能合約內，讓發行與交易更便利、安全與透明。

國內已於 2020 年，將證券型代幣視為證券交易法所稱之有價證券，並適用證交法進行規範。國內的證券型代幣，大致可分兩種類型，其一為「分潤型」乃投資人可以參與發行人經營利益的分配，此類似「股票」；另一為「債務型」乃投資人可以領取發行人定期所提供的利息權利，此類似「債券」。因此將來發行公司可至代幣平台業者，透過 STO 向投資人募集資金，並可於代幣交易平台進行買賣流通。

　　以往傳統金融中，公司在籌資上，乃將資產價值碎片化轉為「有價證券」型式，稱為「證券化」。由於時代演進，現又多了一種將資產價值碎片化轉為「虛擬代幣」型式，稱為「代幣化」。其實這兩種型式，籌資的原理都差不多，只是在交易的場域與參與的投資人可能會有所不同而已。

Unit 87 現在流行自駕車，目前有一種金融運作也像自駕車的特性，你知道嗎？

近年來，隨著人工智慧的快速發展，使得汽車的自動駕駛技術愈來愈成熟，人們也逐漸接受自駕模式的服務。在金融的領域裡，也有一種類似自駕車特性的運作模式，你知道嗎？

自從「比特幣」橫空出世後，除了帶動相關虛擬貨幣的發行風潮外，其所伴隨而來的「區塊鏈」技術更是顛覆傳統。區塊鏈自從被廣泛的運用於各種金融與商業場景後，應用性就逐漸轉演化成強調其「分散式帳本」與「智能合約」的功能。但該技術仍不忘其「去中心化」的初衷，自此走出自己獨樹一格的世界，那就是「去中心化金融」。

> 「**去中心化金融**」（Decentralized Finance；DeFi）乃基於區塊鏈的去中心化本質，讓系統各節點透過虛擬貨幣的流動，以及智能合約的產生，自行演化出具有借貸、投資與支付等金融活動。而且這些金融活動幾乎都是自動化運作，不需要透過人為的仲介，這有如現在自駕車的運作模式。

例如：投資人可將某種虛擬貨幣存入 DeFi 內的借貸平台，平台可將虛擬貨幣自動貸出，雙方借貸利息由平台內的演算法，依據資金供需計算而得，根本無須人為決定。而且借貸合約，也是自動由區塊鏈的智能合約自動產生，讓用戶不需要仲介機構的協調就能進行借貸，所以整個系統猶如「自動化金融」。

基本上，「去中心化金融」與現今「傳統金融」是兩條平行線，也可想像是不同的世界。在傳統金融是以「法幣」當作交易媒介，在「去中心化金融」（DeFi）裡，是以「虛擬貨幣」當作交易流通的貨幣。當然兩者之間仍可藉由某種虛擬貨幣當作連結的橋樑。

現今全球 DeFi，仍在積極蓬勃的發展中，各種服務機構與運作模式都還在摸索萌芽階段。若初探者，剛進入 DeFi，會讓我們有如「劉姥姥進大觀園」般的驚嘆。由於它自成一格的體系，且眾多的活動皆為自動化進行，確實與傳統金融有著巨大差別。

你知道你在網路 PO 一條貼文可利用 NFT 轉成錢？那 NFT 是什麼？

日前 Twitter 創辦人拍賣他在網路上的首篇推特貼文，居然有人出價 290 萬美元將之買下。還有一位美國知名藝術家拍了一部 10 秒的短片，也有粉絲以 660 萬元將之收藏。還有人將自己珍藏已久的美式橄欖球員明星卡片拍賣，獲得 130 萬美元。

以上這些看起來像是「虛無縹緲」的東西，居然可被轉化成「價值連城」的寶藏。先不管那些東西是否有被過度炒作而出現泡沫天價的問題。我們很好奇的想知道，它們是如何運作的？

首先，我們還是從傳統金融說起：在金融領域裡，要將一些具有獨特性、創造性與稀有性的無形資產，如：商標權、著作權、專利權、甚至某些名人的身價等，轉成可以買賣交易的商品，使能創造出價值，都會利用「**證券化**」（Securitization）的程序，將資產轉換成股票或債券發行，藉以籌集資金。

以下說明，如何將無形資產「證券化」。

例如：某一大聯盟球星身價約 1,000 萬美元，他將自己的身價化成資產發行 1,000 張的股票，所以願意投資他的人就先用 1 萬美元買一張表徵這位球星的股票，那球星就會先有 1,000 萬美元落袋。當這位球星今年在球場表現優異被加

薪，讓他身價可能漲至 1,500 萬美元；此時你之前買個那張
股票就從 1 萬美元上漲至 1.5 萬美元。若你將之賣掉就可淨
賺 0.5 萬美元；若不賣，球星可能也會將今年被加薪的資金
部分轉化成「股利」發給你。

這個世界自從比特幣創世以來，讓市場多了一種籌資的工具，
那就是「虛擬代幣」。以往人們要進行籌資時，會將有形（無形）資
產，發行股票與債券等證券化商品。**現在可以直接發行「虛擬代幣」**
也有同樣效果，也就是把資產「代幣化」（Tokenization）。

在前述 Unit 86 中，現在公司可將自己的公司帳面上的資產，不
以股票型式發行，而可以選擇利用發行「證券型代幣」來籌措資金。
因為公司會記帳面的資產，在市場上比較容易被合理評價，所以利用
「證券型代幣」來表徵這些資產價格，就如同股票般，當「代幣」價
格太高或太低時，比較容易被判斷。

但若現在也將這些無形或數位資產，利用「證券型代幣」模式來
發行，此時會發生這些**無形或數位資產的價值，其實是見人見智的，**
市場很難找到一個標準的評價方法。因此如果利用標準化與小額化的
「證券型代幣」來發行，可能會在市場找不到那麼多投資人認購與認
同它的價值，且還可能須受證交所法令的監督。

因此這些無形或數位資產，若要發行代幣籌資都會選擇一種稱
為「**非同質化代幣**」（Non-FungibleToken；NFT）。因每個 **NFT** 的代
幣，可以表徵無形或數位資產「所有」或「部分」的價值，因此每個
NFT 所表徵的資產或價值並不一樣，所以代幣之間不可交易流通，所
以又稱之為「不可互換代幣」。

但也表示每個 NFT 代幣的價格可能都是**獨一無二**的，因此 NFT 很適合讓一些如：遊戲卡、藝術品、收藏品、網路貼文⋯⋯等，無一定行情價的無形或數位資產拿來發行代幣。

現在虛擬貨幣市場上，就會有很多人拿一些具稀少性與奇特性的東西，利用發行 NFT 來吸金或吸引人氣，只要有代幣發行機構（通常為「虛擬貨幣交易所」）願意幫發行者規劃 NFT 的發行，反正 NFT 的價格沒有一定的標準，買賣雙方高興就好。

其實，這幾年的 NFT 發行市場，不管是有形的房地產，乃至於無形的數位資產，都可以被它當作標的發行來吸金，可說是能「化萬物於無形，再轉化成有形的價值」。NFT 幾乎不受政府單位監管，但價格是很容易被亂炒作，投資者仍須注意它具有價格泡沫的風險。

NOTE

NOTE

民眾財經網

股市消息滿天飛，多空訊息如何判讀？

看到利多消息就進場，你接到的是金條還是刀？

消息面是基本面的溫度計

更是籌碼面的照妖鏡

不當擦鞋童，就從了解消息面開始

民眾財經網用AI幫您過濾多空訊息

用聲量看股票

讓量化的消息面數據讓您快速掌握股市風向

掃描QR Code加入「聲量看股票」LINE官方帳號

獲得最新股市消息面數據資訊

民眾日報從1950年代開始發行紙本報，隨科技的進步，逐漸轉型為網路媒體。2020年更自行研發「眾聲大數據」人工智慧系統，為廣大投資人提供有別於傳統財經新聞的聲量資訊。為提供讀者更友善的使用流覽體驗，2021年9月全新官網上線，也將導入更多具互動性的資訊內容。

為服務廣大的讀者，新聞同步聯播於YAHOO新聞網、LINE TODAY、PCHOME 新聞網、HINET新聞網、品觀點等平台。

民眾網關注台灣民眾關心的大小事，從民眾的角度出發，報導民眾關心的事。反映國政輿情，聚焦財經熱點，堅持與網路上的鄉民，與馬路上的市民站在一起。